기독교 대안교육과 대안학교

KB191609

기독교 대안교육과 대안학교

초판 1쇄 발행 2019년 9월 5일

지은이 전광식
펴낸이 이의현
펴낸곳 SFC출판부
등록 제 114-90-97178
주소 (06593) 서울특별시 서초구 고무래로 10-5 2층 SFC출판부
Tel (02)596-8493
Fax 0505-300-5437
홈페이지 www.sfcbooks.com
이메일 sfcbooks@sfcbooks.com
기획 · 편집 편집부
디자인편집 최건호
ISBN 979-11-87942-37-5 (03230)
값 10,000원

기독교
대안교육과
대안학교

전광식 지음

SFC

비가 오건 바람이 불건
황무한 이 땅에 참 교육의 씨앗을 뿌리는
어진 농부 같은 교육자들에게

목차

교육은 씨앗을 뿌리는 것과 같다. 그리고 교육자는 그 씨앗을 뿌리는 농부와 같다. 그런데 우리 사회에서 교육을 하는 것은 마치 '황무한 들'욜2:3에 씨앗을 뿌리는 것과 같다. 또한 지금 씨앗을 뿌리는 것은 마치 '비바람과 창수漲水'마7:25 속에 씨앗을 뿌리는 것과 같다. 이런 때에 대안학교 교육을 한다는 것은 마치 '울며 씨를 뿌리러 나가는 자'시126:6와 같은 것이다. 그 가운데서도 기독교 대안학교를 한다는 것은 기경起耕도 안 된 땅에 십년을 내다보고 겨자씨를 뿌리는 격이며, 여자가 '가루 서 말'을 만들어 그 속에 '누룩'을 갖다 넣는 일과 같은 것이다마13:31-33.

하지만 이런 힘들고 하찮게 보이는 일을 우리 주님께서는 '하나님 나라의 일'이라고 하셨다눅13:21. 겨자씨와 누룩이 무엇을 할 수 있을까 생각하지만, 겨자씨는 '이른 비와 늦은 비'약5:7가 있으면 나무가 되어

공중의 새들이 와서 그 가지에 깃들이게 되고, 누룩은 어느새 가루 서 말을 온통 부풀게 한다. 말하자면, 울며 씨를 뿌리는 자는 언젠가 기쁨으로 단을 가지고 돌아오게 되는 것이다시126:6.

이렇게 씨를 뿌리는 일이 곧 하나님 나라의 일이기에, 이 땅에 많은 농부와 같은 이들이 이 일에 뛰어 들었다. 나 역시 그중 한 사람으로서 '가루 서 말에 누룩 넣는 여자'인 독수리교육공동체의 단혜향 교장을 만나 이 일에 뛰어 들은 지 벌써 스무 해가 다 되어간다.

돌이켜 보면 우리는 둘 다 우리 사회에서의 교육의 현실에 대해서 선지자적 비관론을 가지고 있었다. 하지만 그것으로 슬퍼하고 서글퍼하면서 앉아 있지 않고 이 땅의 반짝이는 눈망울을 지닌 어린 학도들, 그 가운데서 하나님의 자녀들의 교육에 대해 제사장적 책임론을 찾게 되었던 것이다.

결국 이 교육은 하나님의 나라를 위한 미래의 동량棟樑들을 배출하는 일로서, 이것을 통하여 한국교회와 세계교회가 살고, 분단된 우리 조국과 어두운 인류역사에 하나의 작은 등불이 켜지게 될 것을 믿는다. 이런 의미에서 기독교 대안교육은 공교육의 대안이 될 뿐만 아니라 세상 모든 교육의 대안이 되며, 나아가 인간회복과 문명회복에 관한 진정한 대안이 될 수 있다.

이 글은 순전히 독수리 기독 중고등학교의 초대 이사장을 맡아 지금까지 이 일을 하면서 이 땅의 중고등학교 교육에 대해 고민하고 생각했던 내 생각을 풀어 간 것이다. 독수리교육공동체는 교육이라 하면 상아탑의 대학교육만을 생각하고 또 그동안 그 살림살이에 종사해

온 나를 전혀 생경스러운 중등교육의 차가운 벌판으로 이끌어 내어 나의 관심을 이 땅의 영롱한 청소년들에게 돌리게 했다.

이 대안교육의 황량한 들판을 둘러보면서 나는 교육의 씨앗을 뿌리는 농사교본을 발견하지 못했었다. 그래서 나는 비록 대단한 학술서는 아니지만 그 대안교육의 농사교본에 해당하는 이 작은 책을 쓰게 된 것이다. 개척적인 일이라서 그동안 이 일에 종사하면서 홀로 생각해 본 것들을 정리해 본 것이고, 몇가지 기억 속에 있던 탁월한 사상이나 명문장들은 전거典據를 찾아 넣었지만 기독교관련이건 교육관련이건 일체의 관련서들은 거의 참고하지 않았다. 이 글은 오로지 성경을 앞에 펼쳐 놓고 그저 내 생각주머니를 펼쳐 보인 것이다. 이런 글은 처음이지만 본래 농사꾼 출신인 내게 씨앗뿌리는 농사법을 기술하는 일이란 그렇게 힘들지만은 않은 것이었고 오히려 즐거운 일이었다.

이 책은 본래 2005년도에 독수리교육공동체에서 발간했었지만, 세월이 흐르면서 생각도 더 깊어져 이번에 거의 모든 내용을 손질하고 또 장도 추가하여서 가히 새로운 책으로 변신하였다.

이 글을 마칠 때 나는 이미 고향집에 와 있다. 여름철 소나기가 가냘픈 들꽃들이 솟아난 우리 집 마당으로 우두둑 떨어진다. 그 옛날 정부인貞夫人 장씨張氏처럼 방구석에 앉아 '窓外雨蕭蕭'창밖에 비가 소슬소슬 내리니를 노래하며 소낙비를 완상할 수도 있지만, 이 하늘 불청객에 휘어진 무화과나무 가지를 세우느라 마당으로 나왔다. 밖을 쳐다보니 집 앞 삽짝길 소낙비 속에 한 어린 학생이 서둘러 집으로 가고 있다. 땅의 모든 길 잃은 자들이 참된 교육을 통하여 존재의 진정한 본향인 하나님과 학문의 진정한 고향인 하나님의 말씀에 이르기를 바래본다.

2019년 여름 소낙비 내리는

소소가蕭蕭家에서

전광식

제1장

기독교인에게서의 훈련과 교육

1. 기독교인이 되는 것과 기독교인으로 살아가는 것

1) 기독교인의 두 가지 물음

모든 기독교인은 두 가지 질문 앞에 선다. 하나는 "우리는 어떻게 구원을 받는가?"라는 질문이고, 다른 하나는 "그렇게 구원을 받았다면 이제 어떻게 살아야 하는가?"라는 질문이다. 이 질문들을 달리 표현하면 "우리는 무엇을 믿는가?"와 "우리는 어떻게 살 것인가?"라고 할 수 있다. 전자는 교리와 신학의 문제이며, 후자는 실천과 삶의 문제이다. 앞의 물음은 신앙고백과 결부되어 있고, 뒤의 물음은 신앙생활과 결부되어 있다. 이 질문들은 이미 누가복음 10장에 나오는 "선한 사마리아인의 비유"에서 율법사가 예수님께 물은 영생과 이웃에 대한 질문에 함축되어 있기도 하다.

"무엇을 믿는가?"라는 질문과 관련해서 우리는 복음서에 나타난 "주는 그리스도시요 살아계신 하나님의 아들이시니이다"마16:16라는 베드로의 고백과 "나의 주님이시요 나의 하나님이시니이다"요20:28라는 도마의 고백을 따라 예수 그리스도를 나의 주님으로 고백하고 영접하는 것이 구원에 이르는 길이라는 바른 믿음을 지녀야 한다. 예수 그리스도에 관해 이와 같이 성경적으로 고백함으로써 우리는 기독교인이 되는 것이다.

그러나 문제는 성경이 가르치는 대로 바른 신앙을 고백한 사람이라고 해서 현실의 삶에서 자동적으로 신앙적 삶을 영위할 수 있는 것은 아니라는 점이다. 베드로만 보더라도, 성경과 기독교의 역사에서 가장 표준적인 신앙고백을 했고, 그로 말미암아 예수님께로부터 "이 반석 위에 내 교회를 세우리니"마16:18, 또 "천국 열쇠를 네게 주리니"마16:19와 같은 축복을 받았음에도 불구하고, 베드로는 예수님께서 십자가를 지셔야만 한다는 것과 그것이 지니는 의미에 대해 무지하였을 뿐만 아니라 예수님의 뜻에 반하는 결정적인 언행의 실수까지 저질렀다. 나아가 이후 성경과 교회의 전승에서도 베드로의 삶은 변함없이 견고한 믿음의 삶이었다기보다 수없이 많은 굴곡의 삶이었음을 알 수 있다.

이렇듯 바른 신앙을 고백한다고 해서 저절로 신앙적인 삶으로 연결되는 것은 아니라는 것을 알 수 있다.

2) 한국교회에서의 신앙과 신앙적 삶

한국교회의 장점은 첫 번째 물음, 즉 신앙고백의 물음에 관해서는 아주 명확하고 분명하다는 것이다. 한국교회는 정통교리orthodoxy에서 조금만 벗어나면 이단으로 정죄당하든지, 아니면 이단적인 요소가 있다고 비판을 받곤 한다. 특히 한국교회의 다수를 차지하고 있는 장로교회는 성경이 가르치는 바를 철저히 수용하므로 교리적인 선명함을 고수한다. 그래서 많은 경우 사소해 보이는 성경해석의 차이나 근소한 교리적인 다름에 관해서도 매우 경계하면서 용인하지 않는다. 즉, 장로교회는 "무엇을 믿는가?"에 관해서는 아주 명확하다는 것이다.

그런데 이러한 특징은 장로교회의 경계를 뛰어 넘어 한국 개신교의 전반적인 모습이라고 해도 과언이 아니다. 따라서 일부 종교다원주의나 상대주의, 혼합주의를 표방하는 신학이나 교회들, 그리고 인본주의화 된 자유주의 신학을 고수하는 학자들이나 교파들을 제외하고는 대체적으로 한국교회는 교파와 무관하게 건전한 성경적 교리를 고수하고 있다고 할 수 있다.

그러나 문제는 두 번째 물음에 있다. 즉, "어떻게 살 것인가?"라는 질문과 관련해서 한국교회와 성도들은 전반적으로 취약하다는 것이다. 다시 말해, 기독교인들에게서 신앙과 삶이 일치되거나 조화되지 못하고, 오히려 종종 상호 모순되어 보인다는 점이다.

기독교인이라면 마땅히 기독교인으로서 구별된 의식을 지니고 성별된 삶을 살아야 한다. 하지만 한국의 기독교인들을 대상으로 한 여러 연구들과 한국교회와 한국사회에 관련한 갖가지 분석과 진단의 결과들을 종합해 볼 때—굳이 그럴 필요 없이 우리 자신이 속한 공동체나 우리 자신을 성찰해 봐도 된다—많은 기독교인들의 신앙고백과 신앙생활 사이에는 큰 괴리가 있거나 심각한 불일치가 존재한다는 것을 알게 된다.

우리는 어쩌면 교회 안에서는 하나님을 믿고 있지만, 교회 바깥의 가정이나 학교, 직장 등에서는 거의 하나님을 믿지 않는 자들처럼 살고 있는지도 모른다. 주일에는 헌신적으로 예배에 참여하고 교회봉사를 함으로써 정말 대단한 신자인 것처럼 보이지만, 나머지 엿새 동안은 소위 '산다는 것의 재주삶의 기술, 삶의 재주'로 살아가면서 평범한 불신자들의 라이프 스타일과 별반 차이가 없어 보인다. 즉, 오늘날 기독교인들은 교회적 유신론자들이지만 일상적 무신론자들이요, 주일적 유신론자들이지만 주중週中적 무신론자들인지도 모른다.

이렇게 한국교회는 정통교리Orthodoxy에는 강점을 보이지만, 정통실천Orthopraxis에는 취약함을 보인다. 여기에서 한국의 기독교인들을 향해 쏟아지는 세계관적 비판의 핵심인 신앙과 삶의 이중주의二重主義, dualism[1]가 비롯되는 것이다. 믿는 것과 행하는 것 사이에 존재하는 이러한 이중성, 신앙과 삶이 조화되지 못하기 때문에 비롯되는 이중주의는 하나님께서 기뻐하시지 않는 것이요, 또한 기독교인들 스스로에게도 자가당착적인 부끄러운 자화상인 것이다.

---

1. 한국에서 기독교세계관 운동을 하면서 이 dualism을 대개 '이원론(二元論)'으로 번역하곤 했는데, 실질적으로 이것은 신앙과 삶의 불일치와 모순을 가리키는 것이기 때문에 '이중성' 내지는 '이중주의'로 번역하는 것이 옳을 듯하다.

3) 기독교인의 이중국적과 훈련의 과제

우리 기독교인들은 두 가지 신분, 즉 이중국적을 지니고 있다. 하나는 '하늘나라의 백성'이요, 다른 하나는 '땅 위의 백성'이다. 성경도 "우리가 흙에 속한 자의 형상을 입은 것 같이 또한 하늘에 속한 이의 형상을 입으리라"고전15:49고 가르치고 있다.

우리의 첫 신분, 즉 하늘나라의 백성은 하나님께서 거저 주신 은혜로 된 것이다. 이러한 천국 국적은 우리의 노력이나 수고로 쟁취한 신분이 아니라, 예수 그리스도의 대속적 죽음으로 말미암아 하나님께서 믿는 자들에게 은혜로 주신 축복의 신분이다.

그러면 두 번째 신분, 즉 '땅 위의 백성'은 무슨 의미일까? 그것은 하늘나라의 백성이 되는 은혜를 받은 자들이 하나님께서 주신 생명의 날 동안, 하나님께서 주신 달란트를 가지고 이 땅 위에서 경건하게 하나님께 영광을 돌리면서 삶의 열매를 맺고 살아가라고 주신 '과제'로서의 신분을 말한다. 말하자면, 하늘나라의 백성이 된 것은 은혜요, 땅 위의 백성이 된 것은 소명召命이며 과제課題라고 할 수 있다. 따라서 우리 기독교인들은 하나님께서 우리에게 주신 이와 같은 경건한 과제를 실천하면서 살아가야 하는데, 이러한 소명의 삶을 살기 위해서는 그것에 맞는 여러 가지 것들을 준비하고 구비해야만 한다.

하나님께서 그분의 자녀들을 사용하시기 위해서 그들로 하여금 많은 훈련을 받게 하시고 또 갖가지의 것이 준비되도록 하시는 것은 이미 성경의 역사에도 잘 나타난다. 이를테면, 모세를 출애굽의 영도자로 세우시기 위하여 하나님께서는 그의 인생의 삼분의 일을 애굽의 궁정에서 학문을 배우게 하셨고, 그 다음 삼분의 일은 미디안 광야에서 영적인 훈련을 받게 하셨다. 그런 다음에야 그의 인생의 마지막 삼분의 일을 민족의 위대한 영도자로 사용하셨던 것이다. 신약에서 바울의 경우도 마찬가지이다. 비록 바울이 열두 제자들처럼 예수님과 동행하며 훈련을 받은 것은 아니었지만, 하나님께서는 당대 세계제국이었던 로마를 복음화하기 위해서 그로 하여금 미리 가말리엘 문하에서 유대교의 가르침은 물론 그리스-로마의 다양한 철학 사상과 문학에 대단한 조예를 지니도록 훈련받게 하셨고, 마침내 그를 초기 기독교 역사에서 가장 중요한 히든카드로 사용하셨던 것이다.

마찬가지로 우리 또한 우리의 생애 동안 하나님께서 주신 소명을 이루기 위해서는, 또는 이 땅 위에서 하나님의 자녀로 살아가기 위해서는 여러 가지 연습과 훈련들이 필요하다. 다시 말하지만, 우리가 기독교인이 되었다고 해서 그냥 자동적으로 기독교인으로서의 삶이 펼쳐지는 것은 아니다. 이 땅에서 기독교인으로서 살아가기 위해서는 무엇보다 먼저 하나님의 충만한 은혜, 즉 위로부터 임하는 성령님의 거룩한 능력이 있어야 하지만, 또 다른 한편으로 우리 편에서는 바른 신앙고백 및 성경적인 인생관과 가치관, 그리고 세계관을 구비하고, 신앙적인 품격과 라이프 스타일을 형성하기 위한 훈련이 필요하다. 즉, 기독교인의 성품을 배우고, 경건생활의 습관을 익히며, 하나님의 자녀로 살아가는 삶의 방식modus vivendi을 훈련하고 연습할 필요가 있다는 것이다.

에리히 프롬Erich Fromm의 명저名著인 『사랑의 기술The Art of Loving』

을 보면, '사랑이라는 것은 본질적으로 관심'이며, 또한 그것은 어느 날 갑자기 내 마음을 뚫고 들어오는 감정이 아니라, 삶을 살아가면서 '훈련하고 배워가야 하는 것'임을 알 수 있다. 마찬가지로 기독교인으로 살아가기 위해서도 독특한 교육과 훈련이 필요하다, 다시 말해, 기독교인으로 살아가기 위해서는 세상의 교육으로 되지 않고, 세상의 교육과 다른 성경적 삶의 원리를 가르치는 기독교 교육이 필요한 것이다.

2. 기독교인에게 필요한 훈련과 원리

그러면 기독교인으로 살아가기 위해서 우리가 스스로 구비해야 할 훈련으로는 무엇이 있을까? 거기에는 세 가지 분야의 훈련이 있다. 첫째는 신앙훈련이고, 둘째는 인격훈련이며, 셋째는 지식훈련이다. 이러한 세 가지 훈련은 기독교 가정교육이나 교회교육, 그리고 학교교육에서 공유할 수 있는 교육의 분야이다. 이러한 세 가지 훈련이 잘 갖추어질 경우 기독교인으로 살아가는 삶의 훈련이 잘 구비되었다고 할 수 있다.

1) 훈련분야

① 신앙훈련
위의 세 가지 훈련분야에서 기독교인에게 가장 중요한 것은 단연 신앙훈련信仰訓練이다. 교회의 교육프로그램이 아무리 화려하고 기독교 대안학교의 지식수준이 아무리 높다 하더라도, 예수 그리스도를 주主와 구원자로 영접하는 기본적인 신앙이 학생들에게 갖춰지지 않는다면, 그것은 기독교 인재를 길러내는 것이 아니라 결과적으로 세상의 교육에서 추구하는 일반 교양인을 길러내는 것이 될 뿐이다.

왜냐하면 믿음 위에 세워지지 아니한 모든 일이 헛것이요, 믿음을 따라 하지 아니한 모든 것이 죄이기 때문이다롬14:23. 믿음이라는 것은 우리가 행하는 하나의 활동영역이나 우리가 수행해야 할 하나의 인생과제가 아니다. 믿음은 우리가 하는 모든 언행과 삶의 기초이다. 믿음이라는 기초가 없이는 우리의 인격과 삶이 하나님께 인정받을 수 없고, 하나님 보시기에 아무런 의미도 없으며, 따라서 전혀 아름답지도 않다. 그러므로 믿음을 갖도록 믿음의 기초를 세우고 믿음을 성장시키는 신앙훈련이야말로 기독교인이 받아야 하는 모든 훈련과 교육의 기본이자 바탕이 되는 것이다.

육체의 연습은 약간의 유익이 있지만 경건의 연습은 범사에 유익하다딤전4:8. 신앙훈련은 학생들에게 하나님 앞에서 열심히 공부하고자 하는 마음, 부모님에게 순종하고자 하는 마음, 인생을 의미 있게 살고자 하는 마음을 제공한다. 따라서 신앙의 정초定礎가 바로 놓이기만 하면, 나머지 훈련과 교육은 그것과 연계되어 순조로이 진행될 수 있다.

이러한 신앙훈련을 위해서는 무엇보다도 말씀교육과 기도훈련이 필요하다. 말씀교육에서는 하나님의 말씀을 읽고 묵상하는 교육, 말씀에서 깨달음을 찾고 은혜를 받는 교육, 말씀을 통해 하나님의 뜻을 찾는 교육, 말씀을 자신의 인격과 실제생활에 적용하는 교육이 필요하다. 그리고 기도훈련에서는 기도의 내용과 방식을 배우는 훈련, 기도생활을 습관화하는 훈련, 살아있고 깨어있는 기도를 실천하는 훈련 등이 필요하다.

② 인격훈련

기독교인으로 살아가기 위해 필요한 두 번째 훈련은 인격훈련이다. 인격훈련에는 여러 분야가 있고 이와 관련된 덕목德目들도 다양하다. 그러나 무엇보다도 먼저 예수님께서 이 땅에서 어떤 모습으로 사셨는지를 살펴보고 그것에서 배우는 것이 중요하다. 예수님께서는 우리를 죄와 사망에서 구원하신 주님이실 뿐만 아니라, 우리 삶의 모든 영역을 전적으로 다스리시는 주인이시며, 나아가 신앙적이고 인격적인 측면에서 우리가 본받고 배워야 할 절대적인 모본이시기도 하다. 복음서는 예수님께서 제자들에게 모범으로 나타나셨음은 물론, 예수님 스스로 모델이 되시어 제자들을 교육하시려고 했음을 보여주기도 한다.

그런 관점에서 복음서에 나타나는 예수님의 모습을 종합해 볼 때, 예수님의 사역은 크게 두 가지 형태로 나타난다. 일반적으로는 복음서의 문구에 따라 예수님의 지상사역을 "가르치시고teaching 전파하시고preaching 고치시는healing"마4:23 사역으로 파악하여, 이를 복음전도자로서의 사역, 교육자로서의 사역, 치료자로서의 사역으로 해석하곤 한다.

하지만 이러한 세 가지 사역에는 불의와 싸우시고 그것을 척결하시는 예수님의 공의적인 사역이 간과되어 있다. 우리가 성경을 주의 깊게 살펴보면, 예수님의 사역은 한편으로는 불의와 싸우시는 전투하는 사역이요, 다른 한편으로는 전하고, 고치고, 치료하시는 사랑의 사역으로 대별大別될 수 있음을 알게 된다.

예수님의 지상사역에서 우리가 결코 간과하지 말아야할 중요한 한 가지 활동은, 예수님께서는 종종 바리새인들과 사두개인들, 서기관들, 율법사들을 향하여 분노하시고 꾸짖으셨다는 점이다. 예수님께서는 하나님의 이름을 내걸며 스스로 율법을 잘 지킨다면서 자신을 치켜세우는, 이러한 경건을 빙자한 자들의 불의와 인본주의적 자세, 자기의 영광을 중심에 두는 삶을 질책하고 책망하지 않을 수 없으셨다.

이렇게 예수님께서는 지상의 삶에서 한편으로는 거룩 및 공의와 관련된 행동을 하셨고, 다른 한편으로는 섬김 및 사랑과 결부된 사역을 하셨다. 구약에 나타난 하나님의 섭리적 속성도 이와 다르지 않다. 구약의 하나님께서도 한편으로는 공의로, 다른 한편으로는 사랑으로 섭리하셨다. 그렇기 때문에 성육신하신 예수님께서도 성부 하나님처럼 공의와 사랑의 모습을 함께 보이셨던 것이다.

그러므로 기독교적 인격훈련에서는 철학적이고 인문적인 전승에서 내려오는 지혜, 용기, 절제, 정의와 같은 전통적인 네 가지 덕목四樞德(사추덕)도 중요하고, 일반적으로 내세우는 정직, 겸손, 성실과 같은 덕목도 중요하지만, 그에 앞서 믿음, 소망, 사랑이라는 세 가지 신앙 덕목, 나아가 성령의 아홉 가지 열매살전5:22-23가 훨씬 더 중요하며,

무엇보다 예수님의 모습에 발견하게 되는 '공의와 사랑'도 매우 중요한 덕목이라고 할 수 있다.

공의公義란 거룩을 보존하고 유지하기 위한 덕목으로서, 현실에서 불의와 타협하는 대신 그것을 배격하며 "의와 진리의 거룩함"엡4:23을 좇는 것이다. 신실한 기독교인들은 철저히 하나님의 말씀에 따라 옳지 않은 것은 '아니요', 옳은 것은 '예'라고 단호하게 주장하고 행하는 거룩한 공의의 자세가 필요하다. 특히 자신에게 불이익이 돌아오고 손해가 되는 경우에도 옳지 않은 것에 대해서는 단호하게 부정하는 호모 네간스homo negans, '아니요'라고 하는 인간의 태도야말로 거룩을 추구하는 하나님의 백성의 중요한 징표徵標라고 할 수 있다. 부정과 불의를 향해 공적으로, 영적으로 분노하는 것은 하나님의 분노를 대신하는 거룩한 분노요, 이것이야말로 하나님 자신의 분노이기도 한 것이다.

이런 점에서 지난 세기 미국의 신학자 라인홀드 니이버Reinhold Niebuhr가 가르친 유명한 기도는 매우 의미심장하다.

하나님이여, 우리에게 변화시킬 수 없는 것들은 평온하게 받아들일 수 있는 은혜를 주시고, 변화되어야 하는 것들은 변화시킬 수 있는 용기를 주소서. 그리고 우리가 무엇을 받아들이고 무엇을 거절할지 식별할 수 있는 지혜를 주소서God! Give us grace to accept with serenity the things that can not be changed, courage to change the things that should be changed, and the wisdom to distinguish the one from the other.

기독교인의 인격훈련은 이와 같은 공의의 인격을 위한 훈련이 되어야 한다.

다른 한편, 공의의 인격과 더불어 기독교인들에게는 예수 그리스도를 닮은*imitatio Christi* 사랑과 섬김의 자세 또한 필요하다. 잘 알려진 대로 고린도전서 13장은 '사랑' 장이고, 그 앞에 놓인 12장은 '은사' 장이다. 이 12장에서 사도 바울은 성도들에게 주어지는 다양한 은사들을 열거하지만, 어떤 하나의 은사를 부각시키는 은사 일방주의나 절대주의를 결코 표방하지는 않는다. 오히려 그는 모든 은사마다 각각의 의미가 있을 뿐 아니라, 모든 은사들은 상호배타적인 것이 아니라 상호보완적이라고 역설하는 은사 다양성과 은사 상대주의를 주창한다.

그러다가 12장 마지막 구절에 가서는 비교급과 최상급을 쓰면서 지금까지 언급한 은사들과는 다른 보다 큰 은사, 가장 좋은 은사가 있다고 토로한다. 즉, "너희는 더욱 큰 은사를 사모하라 내가 또한 가장 좋은 길을 너희에게 보이리라"고전12:31고 말하는 것이다. 그런 다음 바울은 이어지는 13장에서 이러한 '더욱 큰 은사', '가장 좋은 길'인 사랑의 은사에 관해 말한다. 말하자면, 12장에 나오는 다양한 은사들은 개별적個別的이고 상대적인 은사인데 반해, 13장에 나오는 사랑의 은사는 모든 성도들이 지녀야 할 공유적共有的이고 보편적普遍的인 은사요, 다른 은사들의 정초가 되는 기초적基礎的인 은사라는 것이다.

13장은 사람이 아무리 방언과 천사의 말을 할지라도, 예언의 능력과 지식의 은사가 있을지라도, 남들보다 산을 옮길 만한 믿음이 있을지라도, 사람들을 구제하고 자기 몸을 불사르게 내어줄지라도, 결국 사랑이 없으면 그 모든 것들이 무익하고 헛것이며, 실제로 아무것도 아니라고 말한다. 즉, 하나님의 자녀라면 누구나 구비해야 할 은사가 있는데, 그것이 바로 사랑이며, 혹 다른 어떤 은사들이 있다 하더라도 반드시 그런 은사들의 기초로서 사랑의 은사가 있어야 한다는 말이다. 영적으로 아무리 깊은 경지에 들어가서 하나님을 만나고 기도로 늘 하나님과 영교靈交한다 하더라도, 기독교들은 그 속에 머물면서 자족할 것이 아니라, 오히려 그런 영적 체험에 힘입어 현실의 삶속에서 사람들을 섬기고 사랑할 수 있어야 한다. 실로 모든 신령한 은사나 영적인 은혜는 삶의 현장에서 사랑으로 섬기고 헌신하기 위해 주어진 것이라고 할 수 있다.

이러한 최고의 은사요, 최상의 삶의 태도인 사랑이야말로 예수님께서 가르치신 새 계명이요요13:34, 모든 율법과 선지자의 강령마22:40이며, 성경의 가르침의 요체이다. 성경은 하나님의 본질이나 이름을 두고 다른 표현은 삼갔지만, '사랑'이라는 표현으로는 얼마든지 하나님을 서술한다. 아우구스티누스 또한 하나님께서는 사랑이시므로 "참으로 사랑하는 자만이 하나님을 알 수 있다."라고 말했다. 이렇게 사랑은 하나님을 인식하는 방편일 뿐만 아니라, 기독교인이 하나님의 자녀로 살아가는 가장 중요한 덕목이며 삶의 방식이기도 하다.

오늘날 우리가 살아가는 시대는 모두들 자기 위주로 살아가며 이기주의적으로 처신한다. 이렇게 자기중심주의amor sui만 난무하고 사랑이 없는 시대일수록 더더욱 기독교인은 하나님의 사랑amor Dei을 따라 사랑의 인격을 지니고 사랑의 삶을 살아갈 수 있어야 한다. 그렇게 사는 것이 하나님의 은혜gratia Dei를 받은 기독교인이 가장 하나님의 백성답게 사는 올바르고 바람직한 삶의 태도이다. 그런데 이타적이고 헌신적인 사랑은 당연히 섬김과 자기희생을 요구한다. 그러므로 오늘날 사랑이 메마르고 욕망cupiditas이 춤추는 시대에서 기독교 교육은 더욱 사랑의 모습, 희생의 모습, 섬김의 모습을 가르치고 훈련시킬 수 있어야 한다.

아브라함 카이퍼Abraham Kuyper와 더불어 근세 화란의 대표적인 칼빈주의 신학자인 헤르만 바빙크Herman Bavinck는 신학을 두고 "신학의 영예는 그것이 모든 학문들 위에 학문의 여왕Regina scientiarum으로서 권좌에 앉아 군림하는 데 있는 것이 아니라, 자기의 은사들을 가지고 그 모든 학문을 섬기는 데 있다. 신학은 그야말로 오로지 섬김으로서만 다스릴 수 있는 것이다."[2]라고 했는데, 기독교 학문과 교육의 결과도 이러한 섬김으로 귀착된다고 할 수 있다.

③ 지식훈련

기독교인으로 살아가기 위한 세 번째 훈련은 지식훈련이다. 창조주 하나님께서 인간을 자신의 형상imago Dei으로 창조하셨을 때, 그분께서는 인간에게 지식활동을 할 수 있는 지성intelligentia을 부여하셨다.

---

2. Herman Bavinck, "Common Grace", trans. R.C. van Leeuwen, *Calvin Theological Journal*, 24, No. 1, 1989, 65. 바빙크는 더 나아가 "신학은 약할 때 강하고, 가장 미력한 것이 되고자 할 때 가장 위대한 것이 된다. 신학은 오직 그리스도, 십자가에 달리신 그분 외에 다른 아무것도 알려고 하지 않을 때 영광스러운 것이 될 수 있다."라고도 했다.

이 지성은 인간이 하나님께로부터 받은 일반은총 가운데 가장 탁월한 것으로, 인간은 이것으로 만물의 영장靈長이 되고 하나님의 청지기 노릇을 할 수 있다. 즉, 인간은 이 지성으로 학문을 하면서 하나님의 진리를 발견하고 그것으로 세상을 정복하고 다스릴 수 있는 것이다.

인간에게 이런 지성을 주신 하나님께서는 이 피조세계에 수많은 진리들을 감춰 두셨다. 따라서 인간은 지성을 이용해 하나님께서 숨겨두신 진리들, 곧 만물의 이치와 원리principium, 과학적 법칙들을 찾는 학문을 하는 것이다. 물론 이런 진리들은 믿는 사람들만 발견할 수 있는 것이 아니라 믿지 않는 사람들도 얼마든지 발견할 수 있다. 다만 그것이 누구에 의해 발견되든 간에, 아더 홈즈Arthur Holmes의 저서명처럼, "모든 진리는 하나님의 진리이다All Truth is God's Truth." 그런데 이렇게 감춰져 있는 진리들을 불신자들이 찾으면 본인에게만 영광을 돌리지만, 기독교인들이 찾으면 정당하게 하나님께 영광을 돌리게 되므로 하나님의 이름과 영광을 위해서는 기독교 지성인들이 좀 더 분발해야 할 것이다. 기독교 지성인 개인들이 가능한 그들의 학문분야에서 탁월해야 할 뿐 아니라, 기독교 학교들 역시 이런 지적인 훈련을 강화해야 한다.

하지만 오늘날 일부 균형 잡히지 않은 복음주의 교회들과 지도자들은 인간의 인격에 있는 세 가지 요소 가운데 감성이나 의지에 비해 상대적으로 지성을 소홀히 다루는 경우가 있다. 심지어 일부 기독교인들은 '가슴은 좋은 것이고 머리는 나쁜 것이다'라고 생각하면서, 머리로 하는 대표적인 학문인 철학Philosophie과 철학하는 것philosophieren

을 반反신앙적인 것 또는 비非신앙적인 것으로 간주하기까지 한다. 때로 극단적인 경우 어떤 사람들은 '머리로 믿으면 지옥에 가고, 가슴으로 믿으면 천국에 간다'라고 주장할 정도로 신앙에 대한 몰이해沒理解와 지성에 대한 배타적 태도를 보이기도 한다. 그들은 신앙은 단순한 것이라고 말하면서 '단순하고 소박한 신앙'이 이상적인 신앙의 형태라고 설파하며 강변한다.

물론 중세 가톨릭교회에서는 인간의 이성은 신적神的인 것이라는 헬라철학의 유산에 따라 인간의 의지와 감성은 타락했지만 지성은 타락하지 않았다고 주장했다. 그러나 이와 반대로 칼빈주의Calvinism는 성경적 가르침에 따라 원죄로 말미암아 인간의 전 인격이 전적으로 타락했다고 주장했다. 즉, 도르트공회Dordt Synod에서 확립된 '전적 타락total depravity'의 교리 안에는 지성의 타락도 포함되어 있다. 그러나 칼빈주의는 동시에 인간이 구속의 은혜로 회복될 때, 감성과 의지만 회복되는 것이 아니라 지성까지도 회복되는 것이라고 가르친다. 즉, 중생은 지성을 포함한 전인全人의 중생인 것이다골3:10.

뿐만 아니라 성경이 "네 마음을 다하고 성품을 다하여"신30:2, 9-10, "네 마음을 다하며 목숨을 다하며 힘을 다하며 뜻을 다하여"눅10:27 하나님을 사랑하고 이웃을 사랑하라고 할 때, 여기에는 지, 정, 의가 포함된 전 인격과 생명을 다하여 사랑하라는 뜻이 담겨 있다. 이렇듯 성경은 어디에서도 지성만 선한 것이라거나 반대로 지성만 나쁜 것이라고 말하지 않는다. 대신에 지성을 포함한 우리의 모든 인격이 하나님의 형상에서 나왔다는 점, 전 인격이 타락하에 있고 구속하에 있다는 점, 그리고 우리가 받은 모든 좋은 것들은 "다 위로부터 빛들의 아버지께로부터"약1:17 내려왔다고 가르칠 뿐이다.

또한 하나님께서는 지식과 진리의 하나님이시요, 성령님께서도 "지혜의 신"신34:9이시며 "진리의 영"요14:17, 요일4:6이시다. 중세 시대에는 신학자들이 성령님께 '진리 박사doctor veritatis'라는 별칭을 붙여주기도 했다. 마찬가지로 예수님께서도 지혜가 충만하신 분이시다눅2:40. 하나님의 말씀은 지혜의 말씀이요, 진리의 말씀이다. 그러므로 우리가 온전한 기독교인이 되기 위해서는 지혜와 지식이 충만한 데까지 이르러야 한다. 지혜와 지식이 없으면 성경의 깊은 뜻을 알기가 어렵다. 믿음이 자라가기 위해서는 진리를 더 많이 알고 하나님의 뜻을 더 깊이 알아가는 것이 매우 중요하다.

그러므로 복음주의 교회들과 대안학교들은 지성을 방치하거나 소홀히 하지 말아야 한다. 오히려 더욱 지적인 측면을 강조하고 지적 훈련을 강화해야 한다. 그렇지 않고 오늘날 지식의 시대에 복음주의자들이 지성을 방치한다면, 그들은 이 지성의 세상에서 복음을 제대로 변증하지 못할 것이다. 물론 지성교육과 더불어 정서교육과 감성교육도 강화하여 교육을 받는 사람들의 전 인격이 균형 있게 발달하도록 해야 한다.

감성을 계발하고 교육하는 것과 관련하여 염두에 두어야 하는 것은 하나님께서 세상을 창조하셨을 때, 이 세상에 진리만이 아니라 다른 많은 아름다움의 요소와 장치들도 함께 설치하셨다는 점이다. 비록 세상이 타락했지만 하나님께서는 창조세상의 아름다움을 다 멸

하지 않으시고 그 속에 남겨진 아름다움으로 말미암아 곤핍한 지상의 나그네들에게 큰 기쁨과 위로를 주셨던 것이다. 따라서 심미안審美眼을 지닌 사람들은 이 세계 속에서 범인凡人의 시각으로 발견하기 어려운 반짝이는 아름다움들을 발견해 낸다. 그러므로 남다른 서정성이 풍부했던 윤동주尹東柱 시인이 그 유명한 <서시序詩>에서 '잎 새에 부는 바람에도 괴로워했다'라고 시를 써 내려간 것이다.[3] 이렇듯 예술가들은 하나님께서 색과 선, 모양, 소리로 세상에 감추어두신 창조의 미를 발견해내는 자들이요, 미美의 광맥을 파 들어가는 광부鑛夫와도 같은 자들이다. 이런 점에서 하나님의 백성들을 위한 훈련에는 지적인 훈련과 함께 예술적인 훈련도 필요하다고 하겠다.

2) 훈련의 세 가지 원리

기독교인으로 살아가기 위한 훈련을 받는 학생들과 이런 훈련을 지도하는 교사들이 반드시 명심해야 할 세 가지 원리가 있다.

첫 번째 원리는 하나님의 일꾼으로 쓰임받기 원하는 사람은 반드시 훈련을 받고 준비가 되어야만 한다는 것이다.

인생을 살다가 보면 일할 수 있는 좋은 기회가 오기도 한다. 물론 그것은 우연히 오는 것이 아니고 하나님의 인도하심 가운데 오는 것이다. 하지만 그 순간 그에게 일할 준비가 전혀 되어 있지 않다면, 그는 그 부르심에 응답할 수가 없다. 이렇듯 하나님께서는 때로 우리에

---

3. 이 시는 윤동주의 유고 시집 『하늘과 바람과 별과 시』의 서두에 놓인 작품으로, '서시(序詩)'라는 제목이 말해 주듯 시집 전체의 내용을 안내해 주는 역할을 한다.

게 일할 수 있는 좋은 기회를 주시고 우리 역시 그 일에 열정을 지니고 있을 수 있지만, 정작 우리가 기본적 준비가 되어 있지 않아서 그 일을 제대로 감당하지 못하게 되는 경우가 종종 있다.

어떤 일에 대한 열정은 순간적으로도 올 수 있다. 그러나 기본을 준비하기 위해서는 많은 시간이 요구된다. 따라서 기독교 학생들을 하나님의 일꾼으로 쓰임 받게 하려면 반드시 그들을 훈련시키고 준비시켜야만 한다. 이러한 준비에는 앞서 얘기한 것처럼 무엇보다 신앙적인 준비, 그리고 인격적인 준비와 지식적인 준비가 있어야 한다. 이들에게 이 세 가지를 준비시키기 위해 학교와 교사는 치밀하고도 체계적인 프로그램을 구비해야 하고, 또 오랜 시간을 준비해야 하므로 세월을 아끼고엡5:16, 골4:5 계산하면서 준비해야 한다. 앞서 모세나 바울의 경우를 예로 들긴 했지만, 성경에서 하나님께서 사용하시는 사람들은 한결같이 이런 훈련이나 준비의 과정을 거쳐 온 사람들임을 알 수 있다.

두 번째 원리는 준비된 사람은 반드시 하나님께서 사용하신다는 것이다.

"눈물을 흘리며 씨를 뿌리는 자는 기쁨으로 거두리로다 울며 씨를 뿌리러 나가는 자는 반드시 기쁨으로 그 곡식 단을 가지고 돌아오리로다"시126:5-6라고 성경은 말한다. 때로 우리가 드러나지 않게 개인적으로 준비하고 훈련받기도 하는데, 그럴 경우 혹 사람들은 모를 수 있더라도 우리 하나님께서는 모두 알고 계신다. 사실 우리가 준비하는 것 배후에 이미 하나님의 숨은 손길이 놓여 있었던 것이다. 바울이 사도로 부르심을 받고 사도행전의 교회에서 중심인물로 부상하게 된 것은 하나님께서 그를 로마제국에 복음을 전하기 위한 숨은 인재로 사용하시기 위해 은밀하게 준비시켰기 때문이다.

하나님께서는 모세나 다윗도 모두 은밀하게 준비시키셨다. 그리고 그분의 때에 준비시킨 사람들을 불러내어 어김없이 사용하셨던 것이다. 우리가 모든 일에서도 그렇다고 고백하지만, 특히 하나님의 나라를 위한 일에서 궁극적인 인사발령자는 하나님이시다. 그러므로 우리는 우리 인생의 미래를 두고 의심하거나 불안해하지 말고 하나님을 신뢰하면서 준비해야 하고 또 준비시켜야 할 것이다.

세 번째 원리는 하나님께서는 준비된 만큼 사용하신다는 것이다.

준비하되 어느 정도까지 하느냐 하는 것은 차후에 전개되는 일에서 매우 중요하다. 어떤 사람은 50의 준비를 해놓고 100의 쓰임받기를 원한다. 하지만 이처럼 준비는 적게 해두고 크게 쓰임받기를 원하면, 나머지 부분은 요령으로 흐르기 마련이다. 하나님께서는 그분의 종들을 사용하시되 그들이 준비된 만큼 사용하신다. 열熱과 성誠을 다하지 않고 안이하고 나태하게 준비하면, 하나님께서도 그 이상으로 그를 사용하시지 않을 것이다.

반면에 사람의 눈에는 띄지 않지만 하나님 앞에서 열심히 준비하고 게으르지 않은 사람은 그 준비된 만큼 하나님께서 사용하실 것이다. 그러므로 준비하는 자들이나 준비시키는 자들은 세월을 아껴서 최선을 다해 준비해야 할 것이다. 인간이 모든 준비에서 최선을 다한다면 나머지는 하나님께서 맡으실 것이다. 성경은 분명히 가르치고 있다. "사람이 마음으로 자기의 길을 계획할지라도 그의 걸음을 인도하는 이는 여호와시니라"잠16:9라고 말이다.

하나님께서는 역사를 홀로 주관하신다. 역사를 주관하시는 하나님께는 지상의 교회와 세상에서 해야 할 많은 과제와 일거리가 있다. 그래서 하나님께서는 세상을 위한 그분의 일들을 위해서 준비된 사람들을 찾고 계신다. 그런데 문제는 준비된 자가 별로 없다는 것이다. 만일 하나님의 나라를 위해 준비된 자가 있다면 하나님께서는 반드시 사용하실 것이다. 만일 기독교인들이 잘 준비되어 있다면 하나님께서는 이 마지막 시대에 그들을 매우 중요하게 사용하실 것이다. 문제는 누가 무엇을 위해 얼마나 준비하고 있느냐 하는 것이다.

3. 기독교적 훈련과 교육기관

그렇다면 기독교인들은 어디에서 훈련과 교육을 받으며 준비할 것인가? 오늘날에는 별도의 훈련기관들과 특별한 단체들이 많이 있다. 하지만 모든 사람들이 훈련을 받을 수 있는 가장 중요한 기관은 가정과 교회, 그리고 학교이다.

1) 가정

교육기관 가운데 교회와 학교는 후천적後天的인 선택기관이지만, 가정은 선천적先天的이고 생래적生來的인 교육기관이다. 즉, 가정은 교육을 받는 사람이 자의적으로 선택한 기관이 아니라 그가 태어날 때부터 피동적으로 주어지는 교육기관인 것이다. 따라서 이 땅의 모든 사람들에게 가정은 우선적으로 양육기관이지만, 그 다음은 회피할 수 없는 일차적인 교육기관이기도 하다. 따라서 비록 어려서 가정이 없이 자란 사람이라 할지라도 가정의 유무 자체와 가정이라는 개념이 그의 인생교육에 직간접으로 지대한 영향을 행사함을 알 수 있다.

가정이 선천적이라는 것은 그것이 이 땅에 태어난 모든 사람들에 대한 하나님의 섭리요 조치임을 뜻한다. 이런 섭리적인 공동체 속에서 인간은 어려서부터 자아가 형성되고, 인격이 만들어지며, 인간관계와 삶을 배워가는 것이다. 우리 모두는 가정에서 부모나 형제자매들과의 관계로부터 인생을 배워왔고, 또한 가정의 정신과 분위기 속에서 인생을 배워간다.

기독교인들의 경우에도 굳이 디모데를 말하지 않더라도 가정은 신앙훈련의 일차적인 기관임이 분명하다딤후1:5. 특히 가정은 교회나 학교에 비해 부모들이라는 모델에 의해 교육이 이뤄지고, 기본적인 신앙훈련과 생활교육이 이뤄진다. 하지만 유감스럽게도 오늘날 기독교 가정들에서 일반 가정들과 다른 거룩한 구별성을 찾기가 힘들고, 그래서 세상의 빛과 소금이 되지 못하는 기독교 가정들을 많이 보게 된다. 그러다보니 기독교 가정들에서 빛과 소금이 되는 자녀들이 양육되지 못하고, 도리어 세상의 모습을 반영하는 거울이 되곤 한다.

기독교 가정의 부모들은 신앙이 있긴 하지만 여전히 변화되지 못한 세계관, 인생관, 가치관에 갇혀 과거에 지녔던 세속적인 습속習俗들과 비신앙적인 삶의 방식들을 그대로 노출시킴으로써 아직 가치관이 형성되지 못한 연약한 자녀들에게 그대로 영향을 주게 된다. 또한 기독교 가정의 자녀들 역시 또래집단과 학교에서 배운 세속문화를 가정에 들여옴으로써 그들의 형제들에게 그대로 영향을 주게 된다. 물론 이 뿐만 아니라 세속의 신문, 텔레비전, 컴퓨터, 핸드폰 등 다양한 문화매체들을 통해서 오늘날 기독교 가정들은 너무나 쉽게 세속문화에 노출되게 된다.

이렇게 세속문화와 전방위적으로 소통함으로써 기독교인들의 의식과 삶은 부지불식간에 속화俗化되고 더 이상 기독교인으로서 구별된 독특성을 유지하지 못하게 된다. 세속문화를 향유하는데 시간과 정신이 팔려서 실질적으로 말씀을 읽고 기도하는 시간, 가정예배를 드릴 시간조차 없게 된다. 이런 식으로 세속적인 가치와 문화가 믿음의 가정으로 무차별적으로 유입되다 보니 가정이 좋은 신앙교육의 장으로서 제 기능을 발휘하지 못하게 되는 것이다.

과거의 성도들은 가정에서 신앙적인 삶의 모본을 보이면서 자녀들로 하여금 자연히 부모의 믿음을 계승하도록 가르쳤다. 하지만 오늘날 기독교 가정들에서는 신앙의 기본적인 행위들마저 사라져 가거나 희미해져 간다. 과거 시절 신앙의 어머니들은 부뚜막에 앉아 아궁이에 불을 피울 때나 밥을 지을 때도 기도하고 찬송을 불렀다. 아궁이에 나뭇가지 하나 던지면서도 찬송을 불렀고, 밥을 퍼면서도 식구들을 위해 간절히 기도했다. 비록 배운 것이 없어 지식이 짧고 문화적 교양이 전무했지만, 그들은 순수하면서도 굳센 신앙의 소유자들이었다.

자녀들은 그런 어머니들의 기도하는 모습, 기도하면서 우는 모습, 그 눈물로 방바닥을 적시는 모습을 보고 자랐다. 오늘날 기독교 가정의 부모들에게도 이와 같은 기도와 찬양, 가정예배, 신앙적 삶의 복원이 필요하다.

또한 부모들은 인생의 위기를 만날 때에도 흔들리지 않고 하나님을 의지하는 모습을 지녀야 하고 그것을 자녀들에게 보여주어야 한다. 그럼으로써 자기 인생에 살아계셔서 역사하시는 하나님을 자녀들에게 보여줄 수 있어야 한다. 그것이야말로 모든 자녀들에게 참된 신앙, 그리고 그 신앙에 따른 삶에 대해서 가장 설득력 있게 가르치는 산 교육living education이 될 것이다. 그러므로 가정은 소小교회요, 작은 예배당인 것이다.

2) 교회

가정에서의 교육이 일차적이고 근원적인 것으로 중요하지만, 그것은 대개 의식적인 교육이 아니라 무의식적 교육이며, 체계적인 교육이 아니라 비체계적인 교육이다. 그와 달리 교회와 학교에서의 교육은 계획적이고 체계적이며, 의식적인 교육이다. 특히 교회교육은 그 체계와 목적에서 구체성을 가진다. 교회는 일차적으로 예배기관이지만, 동시에 훈련기관이며 교육기관이기도 한다. 또한 교회의 삶에서 가장 중요한 예배에도 교육적인 함의가 충분히 내포되어 있다.

그러면 교회에서 학생들은 무엇을 배우고 훈련받는가?

교회에서 학생들은 무엇보다 하나님을 배우며, 그 하나님을 예배하고 찬양하는 것을 배운다. 교회에서 사람들이 가장 중요하게 배워야 하는 것이 바로 이것이다. 즉, 사람들은 교회로부터 하나님의 말씀인 성경을 배우며, 구원과 성도의 삶에 관한 성경의 교리와 진리들을 배우는 것이다. 나아가 교회는 성도들에게 제자훈련이나 선교훈련과 같은 다양한 훈련을 제공하기도 한다.

그런데 오늘날 교회교육은 이러한 본질적인 교육의 사명을 제대로 감당하지 못하고 있다고 해도 과언이 아니다. 감성이나 정서를 중시하는 포스트모더니즘의 영향 아래 있는 이 시대의 교회들은 이런 시대정신을 활용한 찬양과 같은 감성적인 접근을 통해 교회의 활성화와 부흥을 도모하는 데 전념하고 있다. 물론 이런 감성적인 측면을 강조하는 것은 영적 운동이나 부흥운동과 직, 간접으로 결부될 수 있기 때문에 중요하고 또한 필요하다. 특히 교회가 젊은이들의 취향에 부응하면서 그들을 훈련시키기 위해서는 결코 간과할 수 없는 측면이다.

그러나 문제는 감성중심의 사역 그 자체보다는 감성을 강조하면서 말씀과 성경공부, 그리고 교리공부는 소홀히 하거나 도외시한다는 데 있다. 교회는 어느 것 하나에 치우쳐서는 안 된다. 교회는 이것도 해야 하지만, 저것도 해야 한다. 즉, 교회는 감성적이고 영성적인 찬양과 친교도 해야 하지만, 또한 성경공부와 교리교육도 해야 하며, 나아가 거룩한 삶과 공의도 가르쳐야 한다. 그런데 무엇이 더 우선적이고 본질적인 교육이어야 하는지에 대한 바른 인식이 필요하다. 교회가 가장 우선적으로 해야 하는 것은 성경을 통해 하나님을 아는 것과 섬기는 것을 가르치는 것과 같은 신앙훈련이고, 그 다음에 해야 하는 것이 다양한 프로그램을 통한 영적 훈련과 전인교육이다. 물론 당연히 지도자의 판단이나 교회 공동체의 특성에 따라 이런 측면들 가운데 강조하는 부분들이 다소 차이가 있을 수는 있지만, 본질을 놓치지 않고 우선순위를 바르게 인식해야 할 것이다.

한편, 오늘날 교회학교의 교육, 특히 초등학교의 교회교육은 외적으로 매우 풍성하고 다채로운 프로그램들로 가득하다. 이렇게 풍성한 프로그램 속에서 아이들은 덜 지루하고 흥미도 더 생기겠지만, 한편으로 어쩌면 이런 외적인 화려함이 아이들로 하여금 오히려 본질적인 것에 접근하지 못하도록 하는 방해 요인이 될 수도 있다. 자칫하면 그야말로 외화내빈外華內貧의 교육으로 끝날 수도 있는 것이다. 그러므로 교회교육은 지나친 흥미위주의 프로그램보다는 조금 흥미가 떨어지더라도 아이들이 직접 예수님과 그분의 복음에 접촉할 수 있도록 하는 것이 필요하다.

물론 흥미와 관심을 유발하기 위해서 어느 정도 아이들의 기호에 부합한 프로그램을 잘 구상해야 한다. 하지만 그렇다고 해서 일부 교회들에서처럼 도가 지나친 생일축하잔치나 선물 등의 물량공세, 또는 재미로 끝나버리는 비디오 시청과 문화행사 같은 프로그램만 진행한다면, 그 가운데서 아이들은 정작 교회에서 마땅히 배워야하는 교육을 제대로 받지 못할 수도 있다. 다시 말하지만, 흥미위주만의 실속 없는 교육은 아이들로 하여금 본의 아니게 복음의 본질에 다가가지 못하게 하는 방해물이 될 수도 있다.

이런 모든 문제에 앞서 교회교육이 제대로 이뤄지기 위해서는 무엇보다 먼저 교사가 거듭난 신자가 되어야 하고 나아가 변화된 삶을 살 수 있어야 한다. 특히 오늘날 아이들은 대중문화매체들로부터 크게 영향을 받을 수밖에 없는데, 이러한 때에 교회는 더더욱 아이들이 이 시대의 자식들이 아니라 한 책의 백성으로 자라나도록 문화나 사회를 보는 성경적 안목을 길러 주는 데 힘을 쏟아야 한다. 즉, 하나님 나라의 자라나는 인재들에게 성경적인 세계관과 인생관, 가치관, 문화관이 형성되도록 그들을 훈련시키는 데 집중해야 한다.

3) 학교

기독교 교육기관으로서 학교란 기독교 학교들, 특히 기독교 대학교나 대안학교들을 의미한다. 우리나라에도 기독교 정신을 가지고 설립된 사립 공교육기관이 있지만, 오늘날 전세계적인 추세에서 보듯이 우리나라의 경우도 그런 학교들에서 기독교적 교육을 제대로 시킬 수 없는 상황이다. 단지 기존의 공교육에다 성경공부나 채플 등만을 첨가하여 운영할 뿐이지, 정작 교육과정이나 학교생활 전반에 걸쳐 성경적인 교육이념을 실행하지는 못하고 있다. 그에 반해 정부의 간섭을 받지 않는 대안학교의 경우에는 학교의 기본교육과정은 물론, 신앙과 성경적인 교육을 자유롭게 시킬 수 있다.

가치중립을 표방하는 공교육과 국가의 간섭에서 탈피하고자 하여 세운 개신교 교육기관의 시초는 아브라함 카이퍼가 세운 암스테르담의 자유대학교Vrije Universiteit이다. 1880년에 세워진 이 학교는 먼저는 국가로부터 자유를, 다음으로는 교권적 교회로부터 자유를 표방하였다. 카이퍼가 자유대학교를 세운 이유는 학교의 소유, 운영, 교육내용, 그리고 교수선정 등 모든 면에서 국가나 교권의 간섭으로부터 벗어나 '성경적이고 개혁주의적인 교육을 행하는 학교'를 만들고 싶었기 때문이다.

이로부터 기독교 대안교육은 정권과 교권의 간섭을 받지 않고 기독교적인 교육이념으로 무장되고 교육적인 열정이 가득한 개인이나 교회, 또는 어떤 교육단체에 의해 설립되는 것이 이상적이라고 말할 수 있다. 이러한 학교교육에서는 가정과 교회가 감당하기 어려운 학문 전반에 대해 성경적인 교육을 실시할 수 있음은 물론, 기독교 세계관과 가치관도 훈련시킬 수 있다. 뿐만 아니라 이런 학교에서는 지식적인 훈련 외에도 예술적인 훈련, 그리고 공동체 훈련과 같은 교육도 얼마든지 가능하다. 즉, 성경적 가치에 입각한 전인교육을 행할 수 있는 것이다.

일반적으로 학교에서는 가정과 교회에서보다 학생들과 교사들 간의 친밀도가 떨어지기 쉽고, 그 권위의 행사 역시 보다 덜 인격적일 수 있다. 또한 학생들에게는 보다 강한 긴장과 규범이 요구될 수 있다. 그러나 반면 학교에서는 가정이나 교회에서와는 비할 수 없는 체계적인 교육과 알찬 훈련이 가능하다. 또한 현실적으로 많은 경우에 학생들의 진학이나 진로가 부모나 교회가 어떻게 지도하느냐보다는 학교에서 어떻게 교육하느냐에 따라 더 결정적으로 영향을 받기 때문에, 학교교육은 아이들의 장래를 염려하는 부모에게도 매우 중요한 교육이 아닐 수 없다.

그런데 이렇게 중요한 교육이 하나님과 하나님의 진리를 인정하지 않는 공교육기관에서 이뤄진다는 것은 이상적인 교육 형태라고 말할 수 없다. 특히 아직 제대로 훈련받지 못한 하나님의 자녀들을 세속주의의 늪 속에 방치하는 것은 매우 우려할만한 일이다. 따라서 오늘날 기독교 대안학교의 존립은 매우 중요하고도 필수적인 일이다. 그러나 아직까지 우리나라에서는 그 역사가 짧아서 기독교 대안학교를 위한 잘 짜인 교육과정이나 학교의 체제, 그리고 제대로 구비된 시설 등을 갖춘 안정된 학교는 매우 드문 편이다.

이런 측면에서 기독교 대안학교들은, 비록 여전히 국가의 지원이 없어 재정상황이 어렵고 그래서 시설 등 제반사항이 여전히 영세성을 벗어나지 못한다 할지라도, 가능한 최대한도로 잘 형성된 교육과정과 준비된 교사, 그리고 교육환경을 지니도록 최선을 다해야 할 것이다. 그리고 여기에 의식이 있는 많은 기독교인들과 교회들이 개인적으로 집단적으로 적극 동참하고 지원해야 할 것이다.

종합적으로 고찰하자면, 하나님의 백성에게 필요한 교육은 교회교육만으로는 역부족이다. 교회는 본질상 예배 공동체로서 예배와 성경공부, 찬양과 기도 등에 집중한다. 그리고 여력이 있으면 제자훈련같은 것을 한다. 이러한 교회의 주된 과제를 넘어 교회에서 체계적인 교육, 특히 기독교 세계관 교육을 비롯해 전문적인 지식교육이나 전인교육을 시키기에는 어려움이 많다. 그러므로 기독교 대안교육은 필수적인 것이라고 할 수 있다.

특히 아이들의 신앙교육을 위해서도 요즘처럼 한 주에 한 번 있는 교회교육만으로는 아이들을 훈련시키거나 변화시키기에 턱없이 부족하다. 따라서 기독교 대안학교가 주체가 되어서 주중에도 매일 아이들의 지식교육은 물론 신앙교육까지 할 수 있다면 정말 의미 있는 일이 아닐 수 없는 것이다. 그것은 결국 신앙의 부모나 교회가 바라는 아이들로 양육할 수 있는 길이기도 하다. 이런 의미에서 교회교육과 대안교육은 하나님의 나라를 위한 상보적相補的인 교육이다. 물론 가정교육과 상보적인 것은 더욱 당연한 바이다.

제2장

제도적 공교육의 문제점

1. 가치중립성의 허구

　공적기관에서 가치중립성이나 종교중립성을 표방하는 것은 다가치多價値 시대와 다종교 사회에서 매우 민주적이고 합리적인 태도로 보인다. 따라서 합리화되고 민주화된 서방사회에서는 그것의 오랜 기독교 전통에도 불구하고 공적기관에서 예배와 기도, 성경공부 등의 기독교적인 교육을 실시하지 못하고, 소수의 타종교 학생들을 고려하여 종교중립적인 교육을 실시하고 있는 실정이다. 이와 맥락을 같이하여 우리나라의 공교육도 종교중립적인 교육을 표방하고 있다.

　교육문제에 관한 우리나라 최고의 기본법인 <교육기본법>일부개정 2005.11.8 법률 7685호는 제6조에서 교육의 중립성을 다음과 같이 선언하고 있다.

제6조 (교육의 중립성)

① 교육은 교육 본래의 목적에 따라 그 기능을 다하도록 운영되어야 하며, 어떠한 정치적·파당적 또는 개인적 편견의 전파를 위한 방편으로 이용되어서는 아니 된다.

② 국가 및 지방자치단체가 설립한 학교에서는 특정한 종교를 위한 종교교육을 하여서는 아니 된다.

물론 이에 앞서서 헌법 제31조는 "교육의 자주성·전문성·정치적 중립성 및 대학의 자율성은 법률이 정하는 바에 의하여 보장된다."라고 말함으로써 한편으로는 종교기관이 설립한 대학의 자율성을 보장해주지만, 다른 한편으로는 교육일반에서 정치적 중립성을 지켜야 한다고 언급하고 있다. 따라서 이러한 조항들은 국가기관의 지도하에 있는 공교육기관인 공립학교에서 정치적 및 종교적 중립성을 지켜야 한다고 설파한 것이다.

그런데 법률적으로 그리고 재정지원의 측면에서 공교육시스템 안에 있는 사립학교들도 이러한 종교적 중립성을 존중하므로 공적 책임의 역할을 수행하도록 직, 간접으로 강요받는다. 2018년도 우리나라 학교들은 초등학교가 5,884개 가운데 74개, 중학교가 3,214개 가운데 637개, 고등학교가 2,358개 가운데 946개, 특수학교가 175개 가운데 92개, 대학교가 201개 가운데 156개, 전문대학이 137개 가운데 128개가 사립학교이다. 그리고 그 사립학교들 가운데서 개인적으로나 단체적으로 개신교가 운영하는 학교가 절반 이상을 차지한다. 그만큼 우리나라 교육에서 사립학교, 특히 개신교계 사립학교가 차지하는 비중이 매우 크다고 할 수 있다.

하지만 이런 사립학교들은 대학교를 제외하고는 건학이념에 따라 교육할 수 있는 사학의 자율성을 거의 빼앗기고 있다. 특히 평준화로 말미암아 학교의 자율적인 학생 선발과 학생의 자율적인 학교 선택이 불가능해지게 되었다. 더군다나 교육부는 학교가 종교교육을 의무화하지 못하도록 유도하는 한편, 종교과목을 일률적으로 선택하기보다 철학이나 심리학 등 다양한 선택과목을 동시에 개설해서 학생들이 자율적으로 선택하도록 조치하고 있다.

앞서 언급한 것처럼, 공교육의 이러한 정치적이고 종교적인 중립성 논리는 일면 타당하고도 합리적인 것처럼 보이지만, 사실 공교육은 이미 그 기본법에서부터 일종의 가치론적이고 종교적인 입장을 표방하고 있다. 왜냐하면 상기한 우리나라의 <교육기본법>을 보면, 제6조 ①항에서 "교육은 교육 본래의 목적에 따라 그 기능을 다하도록 운영되어야 하며"라고 말하고, 또 제2조(교육이념)에서 "교육은 홍익인간의 이념 아래 모든 국민으로 하여금 인격을 도야하고 자주적 생활능력과 민주시민으로서 필요한 자질을 갖추게 하여 인간다운 삶을 영위하게 하고 민주국가의 발전과 인류공영의 이상을 실현하는 데 이바지하게 함을 목적으로 한다."라고 명시함으로써, 분명하게 홍익인간弘益人間이 우리나라 공교육의 이념임을 공적으로 표방하고 있기 때문이다.

이 홍익인간 사상은 단군檀君사상 및 단군숭배와 관련된다. 더군다나 현재는 기독교를 중심으로 한 반대운동으로 많이 사라졌지만 그동안 많은 초등학교에 단군상을 건립함으로써 신화적 인물인 단군에 대한 숭배사상이 공교육에 반영되어 있음을 드러내 보였다. 또한 태극기에 대한 맹세와 경례도 마찬가지인데, 과거 우리나라의 기독교계는 고신교단을 중심으로 이것이 국가절대주의나 국가에 대한 충성 맹세로서 일종의 종교적 또는 반半종교적 행위에 해당된다고 이에 대한 반대 또는 불참여 운동이 일어나기도 했다.

이러한 공적인 문제 외에도 가치중립적인 '과학적 이론'으로 간주되어 공교육기관에서 자연스럽게 교육되고 있는 여러 이론들에도 엄밀히 말하면 문제가 있다고 할 수 있다. 이를테면, 자연과학에서 다윈 Charles Darwin의 진화론, 인문과학에서 프로이트Sigmund Freud의 정신분석학, 역사학에서 앞서 말한 단군신화, 사회과학에서 마르크스주의나 사회주의, 세속적 자본주의 등 이러한 모든 교육내용들은 학문적으로도 최종적인 진리 또는 최선의 것으로 검증되지 않았을 뿐만 아니라— 칼 포퍼Karl R. Popper의 논리에 따르면, 이 모든 것들은 결코 확증될 수 없으며, 얼마든지 진리 아닌 것으로 반증反證될 수 있는 것들이다—, 하나님의 관점에서도 결코 진리라고 말할 수 없다. 비단 진리만 아닌 것이 아니라 공공연하게 반反유신론적인 범신론汎神論, 무신론無神論, 물신론物神論, 범汎정신주의 등과 같은 비성경적인 이데올로기를 표방한다.

이렇듯 오늘날 가치중립과 종교중립을 표방한다는 명목 아래 공교육기관에서는 학문의 내용만이 아니라 그 정신과 풍토에서까지 하나님의 백성들이 거룩하고 경건하게 살아가는 데 장애가 되는 갖가지 해악적인 요소들을 가르치고 있다. 이러한 학교교육을 통해 학생들은 종교상대주의와 다원주의, 세속주의, 물질주의, 출세주의, 세속적 야망, 개인주의, 자유방임주의, 비윤리 및 '산다는 것의 재주'등을 배우게 된다.

이런 현상을 들여다보면, 그 옛날 아우구스티누스가 타가스테Tagaste에서 초등교육을, 마다우라Madaura에서 중등교육을, 카르타고Carthago에서 대학교육을 받으면서 스스로 실토했듯이, 학교는 '거지처럼 재물을 탐하는 것'과 '구원을 위한 예수 그리스도의 이름이 누락된 헛된 철학과 세상의 자랑'만 가르치는 곳이라고 말하지 않을 수 없다. 또한 이는 마치 1세기 전 아브라함 카이퍼가 '모더니즘modernism의 아테네'였던 레이덴Leiden대학교를 다니면서 느꼈던 진화론과 인본주의, 모더니즘의 물결과도 다르지 않다고 말할 수 있다.

2. 공교육의 제반 문제점

한국사회에서 공교육의 문제점을 말하기 전에 먼저 공교육에 강점이 전혀 없다고 말하는 것은 아님을 환기시키는 것이 필요하다. 해외에서 자녀들을 교육시키는 이민 부모들의 고백을 들어보면, 그들은 종종 한국교육에서 나타나는 지식 집중적인 교육은 학생들의 학력수준을 단숨에 상승시키는데, 비록 그런 교육이 학생들에게는 힘들지만 그로 인해 학생들의 실력은 매우 향상되는 강점이 있었음을 토로하곤 한다. 즉, 한국학교에서의 지식내지 학습중심교육이 전인교육을 이유로 지식교육에서 비교적 느슨한 교육정책을 펴고 있는 외국학교들과의 실력차를 드러나게 한다는 것이다.

하지만 그런 강점이 있음을 부인하지 않는다 하더라도 궁극적으로 그런 교육이 과연 단기적인 지식 축적 외에 훗날 진정한 지식인으로, 훌륭한 학자로 키우는 데도 여전히 강점으로 작용할 수 있는지에 대해서는 의문의 여지가 있다. 물론 오늘날 우리나라의 공교육에서 행하고 있는 집중적인 지식교육도 예전에 비해서는 많이 개선되었다고 할 수 있다. 그러나 많은 경우 여전히 사고력이나 창조력을 계발하는 데 중심을 두기보다는 주입식 및 암기식 교육과 학습에 치우쳐 있다. 이로 인해 자기 스스로의 깊은 사고나 자율적인 연구 등을 통해 학문적으로 대성하는 데에는 이런 교육 방식이 분명 단점으로 작용하기도 한다. 즉, 아직까지 우리나라의 공교육은 제대로 된 대기만성을 바라보는 체계적인 지성교육이라기보다 주입과 암기 위주의 기계적인 임시학습이 대세를 이룬다고 하겠다.

그런데 이러한 학습의 배후에 있는 것이 다름 아니라 우수대학 진학과 같은 성과成果 중심주의적인 관점이다. 즉, 우리나라 공교육기관의 학습방법은 초중고 교육을 대학입시를 위한 준비 또는 예비교육으로 전락시킨 것이다. 그럼으로써 모든 교육들은 자기정체성을 잃어버리고 단지 대학진학을 위한 학원식 교육의 수준으로 전락하게 되었다. 이러한 현상은 근본적으로 한국사회가 가지고 있는 대학의 서열화序列化로 말미암은 것이요, 나아가 소위 명문대학을 선호하는 우리 사회의 고질적인 학벌주의적 관행과 이런 근원적인 문제를 해결하지 못한 교육정책의 실패에 있다고 하겠다. 물론 더 근원적으로 고찰할 경우, 이는 개인의 개성과 전문성을 존중하지 않고 직업을 서열화·차별화하는 사회분위기, 그리고 출세주의와 명예주의, 물욕주의에 물든 사람들의 인생관과 가치관으로 말미암은 것이다.

상황이 이렇다보니 우리나라 공교육의 현장은 이미 처절한 생존경쟁의 장소가 되었다. 이러한 경쟁은 외적으로는 학생들 간의 경쟁이지만 그 배후에서는 부모들 간의 경쟁, 보다 심층적으로 얘기하면, 부모들이 지닌 욕망들 간의 경쟁이다. 이런 경쟁의식이 명문학군이나 명문중고등학교를 만들 뿐만 아니라, 그런 명문학군에 따라 그곳으로 이주하려는 사람들이 많아지고 그럼으로써 자연스럽게 집값이 상승하는 등 연쇄적으로 사회적인 큰 파장들까지 일으키게 된다. 또는 반대로 이런 공교육의 현실에 자녀를 도저히 맡길 수 없거나, 이런 살벌한 교육 생존경쟁에서 자기 자녀가 뒤쳐진다고 판단한 부모들은 자녀들을 데리고 소위 '교육이민'을 가게 된다. 게다가 성적과 같은 결과중심주의로 흐르다 보니 학교교육 외에 학원교육이라는 사교육私敎育이 성행하게 되어 때로는 사교육의 위력이 공교육을 능가하는 기현상奇現象까지 벌어지게 되는 것이다.

앞에서도 말했듯이, 이러한 공교육에서 이뤄지는 교육내용들은 하나같이 지식일변도의 내용이다. 지식일변도의 내용 중에서도 특히 수능의 중심과목인 수학과 영어에 집중된다. 그나마 영어는 오늘날과 같은 국제화시대에 필요하다고 말할 수 있을지 몰라도, 복잡한 수학의 원리들은 인문학생들에게는 거의 불필요한 내용들이요, 대학에 들어가서도 사실 큰 의미가 없는 내용들로 이루어져 있다. 문과학생들에게는 차라리 그것보다 철학이나 논리학, 수사학, 기타 폭넓은 교양과목들을 통한 인문적 지성훈련을, 그리고 이과학생들에게도 자연의 기본이 되는 천문과 지리, 동식물 등 우리 가까이 있는 자연들에 대한 이해를 가르치고, 이들 모두에게 예술적 재능의 계발, 그리고 생활에 필요한 기술의 습득—이를테면 자동차수리—등이 더 중요할 것으로 보인다. 이렇듯 오늘날 공교육에서는 대학입시를 위한 편향적이고 일방적인 교육이 이뤄지고 있으며, 그로 인해 필요한 다른 교육과정이 간과되거나 무시되는 등 전인교육이 거의 결여되어 있는 형국이다.

공교육에서는 학생들에게 과목들을 자유롭게 선택할 수 있는 자율권을 거의 주지 않는다. 자율학습은 형식적으로만 이뤄지고, 실질적으로는 제대로 운영되지 않는다. 이런 교육현실에서 학생들의 개성과 창의성이 계발되기는 어렵고, 그들의 자율성도 신장되기 어렵다. 총체적으로 말해, 우리나라 공교육의 현실은 지·정·의·체가 조화롭고 균형 있게 이뤄지는 전인교육과는 거리가 멀며, 인간다운 교육, 이상적인 교육과도 동떨어져 있는 실정이다. 보다 적나라하게 우리나라의 중고교육을 비판하자면, 공적인 학교교육은 '외우기와 풀기'를 잘해서 대학입시에 가장 적절하게 대비하는 기능적인 학생들을 양산하는 일종의 교육공장敎育工場을 방불케 하고, 사적인 형태를 취하는 학원교육은 학생과 학부모의 진학목표에 부합하는 교육을 공급하기 위한 일종의 진학시장進學市場과도 같다고 하겠다.

제3장

기독교 대안교육의 필요성

1. 학문의 위기와 문명의 위기

공교육이 지니는 보다 근원적인 문제는 인간의 위기를 만든 학문의 문제점과 그 교육과정에 있다. 오늘날 학문이 지닌 문제점, 곧 학문의 위기와 그로 말미암은 인간의 위기, 나아가 문명의 위기를 극복하기 위해서 대안적인 기독교 교육이 필요한 것이다.

학문은 일반적으로 인문학, 사회학, 자연학으로 구분된다. 이 가운데서 인문학은 근세 초기 르네상스의 인문주의 운동과 그 이후 계몽주의 시대를 거치면서 '신의 학문'인 신학divinitas에 대립되는 '인간의 학문'humanitas으로 등장하였다. 스페인의 세르반테스Cervantes, 영국의 토마스 모어Thomas More, 프랑스의 라블레Rabelais, 독일의 로이힐린Reuchlin, 네덜란드의 에라스무스Erasmus 등이 근세 유럽의 대표적인 인문학자들인데, 이들은 중세의 교권적인 신학에 대항한 인간중심의 학문으로서 인문학을 제창하였다. 그러므로 근세의 인문학은 그 출발부터 이전까지 신학이 제시하던 기독교의 가르침에 비판적인 태도를 취했다고 하겠다.

그 이후 오늘날까지 인문학 속에는 반反종교적이고 인간 이성중심주의의 흐름이 면면히 내려오고 있다. 하지만 창조주이신 하나님과 그분의 계시를 배제하고서는, 인간이 누구이며, 또 인간의 정신은 어떠하며, 무엇보다 인간은 어디에서 와서 어디로 돌아가는지에 대해서 알 길이 전혀 없다. 그러므로 오늘날 인문학은 인간의 심리나 사회의 현상에 대해서는 경험적인 관찰과 이성적인 사유에 근거하여 다양한 주장들을 제시하고 있지만, 정작 인간에 대한 본질적인 진리에는 접근하지 못하고 있는 것이다.

또 근세 이래로 자연학은 애당초 경험되는 세계인 가시적이고 물리적인 세계만을 존재하는 유일한 실재계로 본다. 이런 세속적 학문분야의 학자들은 일반적으로 경험되지 않는 초경험적인 세계는 학문의 대상이 되지 않을 뿐만 아니라 심지어 실재하지 않는 것으로까지 생각하는 경향이 있었다. 그 결과 그들은 창조주 하나님의 존재는 물론 세계의 피조성被造性을 인정하지 않은 채, 눈에 보이는 시공간의 현상계만 절대시하는 태도를 취하게 되었다. 또한 계몽주의 이래로 인간의 이성이 하나님의 말씀인 성경을 대신하여 모든 문제의 진위를 판단하는 잣대요 심판자로 등장하게 되었다. 그 때부터 나온 것이 '합리성合理性'이라는 개념이다. 그리고 이후로는 이성에 합치하느냐의 여부가 어떤 것의 진위眞僞를 가르는 시금석이 되었다.

　기독교는 진리를 분별할 때 그것이 성경에 합치하느냐를 문제 삼지만, 근세 학문은 그것이 이성에 합치하느냐를 문제 삼는다. 다시 말해 하나님의 말씀 대신에 인간의 이성이 세계를 해석하고, 섭리자 하나님 대신에 인간의 이성이 세계를 지배하며 역사를 주도해 간다고 본 것이다. 이것이 바로 세속화世俗化로 가는 패러다임의 변화였다. 이후 인간의 이성은 합리성을 추구하면서 과학을 만들었고, 그 과학을 통하여 기술을 발명했으며, 그 기술의 활용으로 산업화를 촉진시켰고, 그 산업화를 통하여 도시화와 문명화의 길을 이루어 왔다. 말하자면 합리화→과학화→기술화→산업화→도시화→문명화의 과정이 근대화의 전체적인 과정으로 내려왔던 것이다. 물론 오늘날에는 포스트모더니즘이라는 새로운 시대정신Zeitgeist이 등장하기도 했지만, 여전히 세상은 전체적으로 보아 이러한 근대화의 과정 위에 있다고 말할 수 있다.

　이와 같은 역사의 근대화 과정에서 과학이 이룩한 외적인 성과들을 볼 때 참으로 대단해 보인다. 그러나 과학이 이룩한 문명의 발전에도 불구하고, 아니 오히려 과학의 업적과 결부되어 오늘날의 세상은 과거 그 어느 때와도 비교할 수 없는 테러와 분쟁, 범죄, 자연파괴, 인간의 물화物化, 물질숭배, 이데올로기와 욕망의 노예화가 만연해 있다. 비록 과학과 문명화가 우리의 삶에 많은 풍요와 편리함을 가져다 주었지만, 다른 한편에선 오히려 그것으로 인해 인류와 지구가 과거 그 어느 때보다 더 큰 고통가운데 있게 되었다. 예를 들어 심각한 환경오염과 생태계파괴가 전全지구적으로 일어나고 있으며, 정신적, 영적으로 볼 때에도 세상은 가히 아나키Anarchy, 무정부상태와 카오스Chaos, 혼란의 상태에 빠져 있다고 해도 과언이 아니다. 물질적으로는 풍요롭게 되었지만, 정신적, 영적으로는 훨씬 더 가난하게 되었다. 인간이 중심이 되어 역사를 주도해 가는 것은, 즉 하나님 없이 역사를 경영하고 세계를 경영하는 것은 그야말로 인류에게 절망이요 비극이 아닐 수 없는 셈이다.[1]

2. 현대 학문과 인간의 위기

그러면 왜 이런 문명 쇠락의 현상, 문명 일탈의 현상이 일어나는가?

그것은 단도직입적으로 말하면, 문명의 위기의 저변에 바로 인간의 위기가 있기 때문이다. 인간의 위기는 상기한 바처럼 인간 스스로가 자초한 것이다. 즉, 인간이 하나님의 청지기적 역할을 거부하고 스스로 왕과 심판자가 되어 자기의 이성으로 진리를 좌우하며, 자기의 힘으로 역사를 주관하려고 했던 결과로 문명의 위기가 빚어진 것이다.

20세기를 주름잡고 21세기에까지 그 영향력을 행사하면서 오늘날 인간과 문명의 위기를 정초하고 있는 여러 가지 사상들이 있는데, 그 가운데 가장 대표적인 것들이 다음의 세 가지 근대사상이라고 할 수 있다.

---

1. 문명의 위기에 대한 기독교적 분석에 관해서는, 전광식, 『문명의 황혼과 소망의 그리스도』(CUP, 2005)를 참조하라.

1) 마르크스주의

　20세기의 세상을 이데올로기로 지도그리기mapping해 온 정치적이고 사회적인 이념은 공산주의, 곧 마르크스주의였다. 자본주의와 더불어 세상을 양분해온 공산주의로 인해 지난 세기의 100여 년 동안 세상은 분쟁과 전쟁이 끊이질 않았다. 그리고 그 가운데서 헤아릴 수 없이 많은 사람들이 이 전제적專制的인 이데올로기로 말미암아, 또 이 이데올로기를 위하여 피를 흘리고 목숨을 바쳤다.

　그런데 이러한 공산주의 이론을 만든 칼 마르크스Karl Marx에 따르면, 이 세상의 모든 것은 물질이고, 존재하는 것과 세상을 움직이는 것 또한 오직 물질뿐이다. 따라서 인간도 한낱 물적인 존재에 불과하지 결코 정신적이거나 영적인 존재가 아니다. 정신의 존재를 부정하기가 어려운 데도, 마르크스주의자들은 정신이라는 것이 실재한다고 생각하지 않는다. 오히려 그들에 따르면, 우리에게 있는 관념觀念들은 우리 외부에 있는 물질이 우리 내부에 있는 물질인 두뇌에 반사된 것에 불과하다고 강변한다. 다시 말해, 인간의 두뇌는 마치 거울과 같아서 바깥에 있는 것을 반영할 수 있는데, 그것이 곧 정신이요 관념이라고 보는 것이다. 이러한 사상을 소위 유물론唯物論이라고 한다.

　이런 유물론을 인간에 적용하면 그 결과는 도대체 어떻게 될까? 단적인 예로, 지난날 보스니아Bosnia 내전이나 코소보Kosovo 사태에서 세르비아계의 카라지치Karadzic나 밀로셰비치Milosevic가 알바니아인들에 대해 소위 '인종청소'를 감행하면서 대량학살을 행했던 것은 도대체 무엇 때문이었던가? 아니, 소련의 스탈린Stalin 치하에서, 캄보디아의 폴포트Pol Pot 정권하에서, 북한의 공산체제 하에서 그토록 수많은 사람들이 처형당할 수 있었던 근본적이고 심층적인 원인은 무엇이었던가?

그것은 다름 아니라 공산주의자들이 지닌 유물론적 인간관 때문이었다. 말하자면, 공산주의자들이 인간을 독특한 정신과 영을 지닌 고귀한 존재로 보지 않고, 한낱 똑같은 물질들로 이루어진 물적 존재로 보았기 때문이다. 물론 각 경우마다 다양한, 이를테면 여러 가지 정치적, 민족적, 종교적 갈등이나 권력 헤게모니의 쟁탈전 같은 요인들이 작용했을 것이다. 하지만 그런 이유만으로 수십 만 명의 목숨을 서슴없이 빼앗을 수 있는 합당한 이유가 성립되지는 않는다. 인간의 대량학살이 가능했던 것은 무엇보다 그들의 인간관이 잘못되었기 때문이다.

말하자면, 마르크스의 가르침 아래서 훈련받고 그 이념을 신봉하던 폭정자들에게 인간이란 하나의 노동력이요 생산력에 불과했기 때문에 그와 같은 만행이 가능했던 것이다. 사실 이러한 일들은 인간을 천하보다 소중하게 생각하는 기독교 정신을 지닌 서방세계에서는 상상하기도 힘든 일이다. 물론 히틀러 치하에서는 이것 못지않은 대학살이 자행되기도 했지만, 이는 그 집단이 서양사에 극히 예외적으로 기독교의 평등사상과는 전혀 다른 인종우월사상에 빠져있는 등 전혀 기독교적 인간관 위에 서 있지 않았었기 때문이라고 할 수 있다. 더군다나 그런 경우라도 이런 인간학살 문제에서 현재까지 별다른 반성도 없는 지금의 구舊공산세계와는 달리 독일 내에서는 국가적으로 엄청

난 자기반성이 있었을 뿐만 아니라, 피해자들이나 그 가족들에게 진솔한 사과와 배상이 있었다는 점에서 분명한 차이를 보인다고 할 수 있다.

2) 진화론Evolutionism

또한 20세기와 21세기는 무엇보다 과학의 시대인데, 이 과학의 시대에 사상적 기저基底를 이루고 있는 것은 찰스 다윈Charles Darwin이 주창한 진화론進化論이다. 이 진화론에 따르면, 인간은 결국 동물과 근원적으로 또한 질적으로 아무런 차이가 없고 단지 그 발달의 정도에서만 차이가 있다.[2] 물론 과거에도 로마의 사상가 키케로Cicero가 "시미아 쿠암 시밀리스, 투르피씨무스 베스티아, 노비스Simia quam similis, turpissimus bestia, nobis!; 가장 꼴사나운 짐승인 원숭이가 우리와 얼마나 닮았던가!"라고 했었지만, 이는 그저 외양의 유사성만 보고 했던 말이었을 뿐이다.

하지만 그와 달리 다윈은 학문적으로 '종種의 기원'을 주장하면서 인간의 기원을 창조주에게서 동물에게로 이동시켰고, 그로 말미암아 인간의 지위를 급격하게 전락시켰다. 진화론의 논리에서 인간은 더 이상 신성한 존재homo divinus가 아니라 똑같은 동물적인 존재일 뿐이고, 더 이상 '하나님의 형상imago Dei'이 아니라 '원숭이의 형상imago simiae'일 뿐이다. 이와 같은 진화론에 근거한 현대의 세속과학은 인간과 동물의 근본적인 차이를 읽어내지 못하는 저급한 인간론을 가르친

---

2. Charles Darwin, *The Descent of Man*, 1871, 특히 1-7장을 참고하라. 이 책은 1859년에 발간한 진화론의 교과서인 *On the Origin of Species*를 인간에게 적용한 것이다.

다. 사실 그러한 세속과학의 측면에서 인간을 바라보면 인간은 기껏 해야 호모 파베르*homo faber*; 공작인-무엇을 만드는 존재, 호모 사피엔스*homo sapiens*; 지혜인-머리를 쓰는 존재, 호모 에렉투스*homo erectus*; 직립인-서서 다니는 존재, 호모 폴리티쿠스*homo politicus*; 사회인-모여 사는 존재, 호모 루덴스*homo ludens*; 유희인-놀면서 즐기는 존재 정도로만 이해된다.

이런 개념어들에 표방되어 있는 가르침들에서는 인간의 독특성과 존엄성이 확보되기가 어렵다. 이는 마치 소경이 코끼리를 만져보고 말하는 것과 유사한 형태이다. 이런 경험적 진단과 추리로는 인간의 본질이자 인간의 정체성이라 할 수 있는 '하나님의 형상'을 발견할수 없다. 그런데도 오늘날 세속학문들은 이런 저급한 인간관 위에 정초되어 있다. 그러나 엄밀히 말해서, 인간을 비하시키는 이러한 진화론과 인간의 기본권과 자유를 제창하는 민주주의는 서로 상반되는 논리이요 상호 공존하기 어려운 것이다.

3) 정신분석학Psychoanalysis

정신 및 심리학 분야에서 20세기와 21세기에 가장 크게 영향을 미친 사상가를 뽑으라면 두 말할 필요 없이 지그문트 프로이트Sigmund Freud를 들 수 있다. 소위 '정신분석학'을 개척한 그는 인간의 정신활동과 언행의 근저에 놓여 있는 것은 이성의 자율성이 아니라 욕망이 지배하는 무의식無意識이라고 주장했다. 즉, 인간의 행동은 본능적 욕망libido이 지배하는 무의식에서 발현되는 것이지, 정신의 자유와 정신의 고상함으로부터 나오는 것이 아니라는 것이었다. 이런 주장에 따르면, 인간의 존재와 삶은 그다지 고상한 것이 아니라 한낱 욕망덩어리에 불과한 것이 되고 만다.

지난 세기와 금세기를 여전히 주름잡고 있는 마르크스주의, 진화론, 그리고 정신분석학이 말하는 인간이란 도대체 무엇일까? 한 마디로 말하자면, 인간은 더 이상 하나님의 형상이 아니라 한낱 물적인 존재요, 기껏해야 욕망적인 존재에 불과하다는 것이다. 하나님의 형상으로서 인간의 모습은 더 이상 현대 세속학문의 세계 가운데에 남아 있지 않다.

그런데 오늘날 공교육의 현장에서는 이러한 학문들에 근거해서 교육들이 이루어지고 있고, 그 결과 이러한 교육을 받고 자란 현대인들에게서 과거 그 어느 때보다 비인간화, 비인격화, 물화, 기계화, 욕망화, 야만화의 현상이 일어나고 있는 것이다. 오늘날 세계 곳곳에서 일어나는 인간에 대한 착취와 야만적 행위, 고문과 처형, 대량학살과 인종청소도 이와 같은 인간관의 근거 위에서 이뤄진다고 할 수 있다. 정리하자면, 현대사회의 이러한 비극들은 하나님을 떠난 인간과 그들이 소위 '진리의 학문'이라고 만든 세속학문의 필연적인 결과인 것이다.

3. 하나님의 위기와 어두움의 세상

1) 하나님의 부재현상

이렇게 학문들의 위기와 문명의 위기의 근저根底에 인간의 위기가 있고, 이 인간의 위기 배후에 하나님의 위기가 놓여 있다. 일찍이 에리히 프롬Erich Fromm은 "20세기에는 인간이 죽었는데 비해, 19세기에는 하나님이 죽었었다."[3]라고 읊조렸는데, 이는 '인간의 죽음'에는 '하나님의 죽음'이 전제되어 있었다는 의미이기도 하다. '하나님의 죽음'이라고 말하니 마치 1960년대의 사신신학'Death of God' Theology의 구호처럼 보이겠지만, 그보다 여기서 말하는 '하나님의 죽음'은 학문과 사회, 문명 가운데서의 하나님의 부재不在, 즉 무신론적 상태를 일컫는 것이다.

르네상스와 계몽주의 이래로 인간은 경험의 눈을 반짝이고 이성의 꾀를 번득여서 그것들을 하나님의 말씀의 자리에 두었고, 하나님의 청지기직을 거부하고 스스로를 통치자의 자리에 세운 채 역사를 이끌어 왔다. 즉, 인간은 하나님으로부터 해방되어 스스로 신이 되고자 했으며, 또한 만유의 지존자至尊者가 되려고 했던 것이다. 하지만 흘러온 역사를 돌이켜볼 때, 인간이 이끌어 온 역사는 그야말로 처참한

3. Erich Fromm, Afterword, in: *1984.* by George Orwell (1949; New York: Signet, 1961). 45th printing. pp. 257-67. 또한 Erich Fromm. *Man for Himself: An Inquiry into the Psychology of Ethics* (New York: Fawcett Books, 1947); *The Revolution of Hope: Toward a Humanized Technology* (New York: Harper and Row, 1968)도 참고하라.

역사였다. 지난 세월은 인간의 잔혹함과 극악함이 확연히 드러난 세월이었고, 잘 살아보겠다는 일념으로 열심히 달려왔지만 그 결과는 어느 정도의 외적인 번영을 이룬 것 외에는 온통 자연파괴, 인간파괴, 사회파괴, 역사파괴를 야기했을 뿐이다.

그 가운데서 인간 또한 역사의 참된 주관자가 되어 해방을 구가한 것이 아니라 도리어 욕망과 광기의 노예, 권력과 이데올로기의 신하, 거짓 신들의 예배자, 돈과 재물의 종들이 되어 갔다. 그래도 과거에는 인간은 인간의 종이었거나 하나님의 청지기였다. 그러나 이제 인간은 자신이 다스려야 하는 것들의 지배를 받고 실질적으로 그것들의 종의 위치에 서게 되었다. 이렇듯 하나님이 없는 역사경영, 세계경영은 역사와 자연에는 물론이거니와 인간에게도 비극일 뿐인 것이다.

2) 무신론의 시대정신

이렇게 현대의 인류는 무신론적인 삶의 방식 속에 빠져 살고 있다. 그러나 문명의 위기는 인간의 위기이고, 인간의 위기는 무신론적인 정신 때문에 생긴 것이다. 사실 지난 20세기를 지배했던 가장 대표적인 사상은 정신적으로는 실존주의實存主義, 학문적으로는 과학주의科學主義, 그리고 문화적으로는 포스트모더니즘Postmodernism이었다.

실존주의자들 가운데서 무신론적 입장에 서 있는 하이데거M. Heidegger, 사르트르J. P. Sartre, 보부와르S. de Beauvoir, 까뮈A. Camus 등은 그들의 사상적 선조인 니체F. Nietzsche를 따라 '하나님은 죽었다Gott ist tot'라고 주창한다. 또한 과학주의에서는 존재하는 유일한 실재계는 시공간 속에서 경험할 수 있는 대상인 현상계뿐이고, 따라서 '초월적인 존재자는 없고 하나님도 없다'라고 말한다. 그리고 포스트모더니즘에서는 유신론적 절대주의나 무신론적 절대주의를 다 배격하면서 상대주의를 주창하는데, 그것을 신론에 적용하면 '하나님이 계시든지 말든지'라는 논리로 귀결된다.

이렇게 현대의 사상적 판도를 주도했던 실존주의, 과학주의, 포스트모더니즘에 담긴 공통적인 함의는 하나님에 대한 거부와 무관심이다. 이런 사상들의 공통적인 입장은 반신론反神論, 사신론死神論, 무신론無神論이다. 이런 사상이 20세기와 21세기의 문명의 저변에 흐르는 사상적인 기조인 것이다.

3) 하나님 부재의 결과

그런데 이렇게 하나님을 배제하는 곳에서는 결국 하나님의 계시인 성경도 없고 따라서 진리도 없게 된다. 그리고 하나님의 진리가 없으면 결국 학문적 진리의 근거도 사라지게 된다. 그 결과 칼 포퍼Karl Popper의 '반증가능성', 핸슨N. R. Hanson의 '이론의존적 경험theory-laden experiences', 토마스 쿤Thomas Kuhn의 '패러다임paradigm의 원리' 마이클 폴라니Michael Polanyi의 '인격적 지식personal knowledge', 파울 파이어아벤트Paul Feyerabend의 '학문적 무정부주의scientific anarchism' 등 현대의 주요한 학문이론들은 한결같이 객관주의적이고 실증주의적인 과학관을 전면으로 부정하면서 학문의 주관적이고 세계관적인 정초를 말한다.

이와 같은 현대의 학문이론들에 따르면, 확정되고 실증된 진리란

전무하며 그저 다양한 견해만 존립하는 것이다.[4] 현대인의 우상으로 자리한 과학적 진리의 이러한 '자살'과 인식론적 상대주의 및 불가지론은 근원적으로 진리의 근원이신 하나님과 그분의 진리인 성경을 배제하므로 말미암은 것이다. 즉, 하나님을 부인할 경우 결국 모든 것은 인식론적 허무주의에 빠지게 되는 것이다. 말하자면, 하나님과 그분의 계시가 없으면 학문은 상대주의와 불가지론에 빠지게 되고, 인간의 삶은 존재의 근거가 사라지므로 한편으로는 허무주의에 빠지고, 다른 한편으로는 쾌락주의에 빠지게 되는 것이다.

만일 세상을 다스리는 신이 없고, 그래서 내세來世도 없고, 죽음 이후에 사는 불멸의 영혼도 없다고 생각하면 인생은 어떻게 될까? 아마도 이렇게 사고하는 사람들 중에서 문학이나 철학을 하며 그 속에서 인생을 음미하며 반성적으로 사는 사람들에게는 인생살이가 허무하게 느껴질 지도 모른다. 이런 입장을 취하는 사람들은 대개 인생의 허무를 노래하거나, 심지어 더러는 극단적으로 더 이상 살아가야 할 이유를 찾지 못한 채 스스로 생을 마감하게 된다. 인생이 그저 북망산의 한줌 흙으로만 돌아간다고 생각할 경우 생이 서글퍼지는 것은 당연하다.

하지만 그와 달리 세상의 보통사람들, 일상의 삶에 빠진 갑남을녀甲男乙女들은 하나님이 없다고 생각할 때 허무주의보다는 쾌락주의에

---

4. 현대의 학문이론들에 대한 분석과 이에 대한 비판은 전광식, 『학문의 숲길을 걷는 기쁨: 세계관, 철학, 학문에 관한 여덟 가지 글모음』(CUP, 1998) 제8장을 참고하라. 아울러 이 책의 제5과 제6장은 기독교적 학문의 원리들을 기술하고 있다.

빠지는 경향이 많다. 지옥이나 천국 같은 내세가 없고 사후의 심판이 없다면, 굳이 선행을 행하거나 양심대로 힘들게 살기보다 '화인火印 맞은 양심'과 욕망이 이끄는 대로, 눈과 귀에 즐거운 대로 즐기며 살겠다고 생각하게 되기 때문이다. 따라서 오늘날 하나님이 없는 일반인들의 삶을 지배하는 원리는 쾌락주의적 인생관이라고 말해도 과언이 아니다. 혹 그들이 쾌락주의에 빠지지 않고 있다면 그것은 단지 쾌락의 땔감인 돈이 없기 때문이라고 생각해도 지나치지 않을 것이다.

다시 말하지만, 하나님과 그분의 계시가 없으면 인간의 존재와 삶은 무의미하다. 무신론적인 전제는 학문의 세계는 물론 인간의 삶까지 지적 허무주의나 실존적 허무주의, 아니면 인식의 자유방임주의自由放任主義나 생활의 쾌락주의에 빠지게 하고 만다. 그렇기 때문에 허무주의와 쾌락주의는 무신론 아버지의 쌍둥이 자식이요, 또한 이 시대의 야누스Janus적인 두 얼굴인 것이다.

한편, 허무주의와 쾌락주의에 빠진 현대인들은 자연스럽게 인본주의, 상대주의, 자유주의, 환원주의로 나아가거나, 아니면 이데올로기 숭배 또는 이교異敎로의 회귀로 나아가게 된다. 왜냐하면 인간은 영적인 존재요, '영원을 사모하는 심령'이 있는 종교적인 존재이기 때문이다. 그런데 그런 인간이 성경을 거부하고 하나님을 찾지 못하니까 자연스럽게 신비주의, 악마주의, 신이교주의Neo-paganism의 형태들을 찾게 되는 것이다.

이런 점에서 오늘날 종교적 시대정신은 가히 'Turning east동으로의 회귀'라고 할 수 있다. 이제 사람들은 티벳의 불교, 인도의 힌두교, 중국의 도교와 같이 아시아의 종교에 관심을 기울이고 있다. 그밖에도 이 시대의 사람들은 각종 정치적, 민족적, 종교적 색채의 이데올로기들을 따르고 숭앙하기도 한다. 뿐만 아니라 대중문화 역시 이미 영적으로 하나님을 등진 지 오래이다.

이런 세상 가운데서 하나님의 백성의 자녀들을 하나님의 진리와 그분의 방식대로 양육한다는 것은 너무나 중요한 일이다. 아니 빛의 자녀들을 어둠의 소굴에 맡기지 않고 빛의 학교에서 가르치는 것이야말로 신앙의 부모들에게 필수적인 일이라 하지 않을 수 없다. 뿐만 아니라 성경적인 교육, 기독교 대안교육이야말로 현대의 학문과 실존의 허무주의를 극복하고, 나아가 쾌락주의와 거짓된 영성주의들을 이길 수 있는 길이다.

기독교 대안교육은 학문의 위기를 극복하고, 인간의 위기와 문명의 위기를 극복할 수 있다. 말하자면, 그것은 인간과 사회, 세상과 역사를 치유하는 사역이며, 회복시키는 과제이다. 이 교육 안에서 인간은 하나님의 형상으로 다시금 자리매김 되고 만물의 청지기로서 하나님의 영광을 위해 사는 자가 될 것이다. 또한 이 교육 안에서 현대의 어두운 세상과 문명이 궁극적으로 밝아지는 역사가 일어날 것이다.

이런 차원에서 기독교적 대안교육은 단순히 공교육의 대안만이 아니라, 위기에 처한 현대 문명의 대안이 될 수도 있다. 현대의 문명 전체를 사로잡은 도도한 흐름을 바꿀 수 있는 힘이 바로 이 기독교 대안교육에 있는 것이다. 기독교 대안교육을 통한 인간의 변화와 회복이 문명의 위기를 극복하는 대안이 될 수 있는 것이다. 왜냐하면 기독교 대안교육은 학문과 삶, 문명 가운데서 하나님의 주되심을 인정하고 그분의 섭리를 고백하는 교육이기 때문이다.

제4장

기독교 대안교육의 가능성: 원리적 접근

하나님의 말씀과 하나님의 진리는 변증법이 필요하지 않다. 그것은 선포되고 말씀하는 것 그 자체로 진리의 말씀이요, 믿음으로 수용해야 할 신적인 가르침이다. 그에 반해 인간의 사고와 논리는 때로 변증법이 필요하다. 그것들은 제시되고 말해지는 것 자체로 진리가 되는 것이 아니라, 거듭해서 숙고하고 반성되어야 하며, 또한 비판과 대안을 통해 수정되고 교정되면서 보다 바른 결론에 도달하게 된다. 이와 같은 변증법적 논리는 신앙적인 문제를 다룰 때, 또는 어떤 문제에 관해 신앙적으로 접근할 때, 인간적인 긍정menschliches Ja, 인간적인 부정menschliches Nein, 그리고 신적인 긍정göttliches Ja의 과정을 밟게 된다.

예를 들어, 역사에 관한 시각을 생각해보자. 먼저 우리는 우리 민족의 역사를 자랑하며 그것을 긍정한다. 마찬가지로 현대인은 산업화와 정보화의 과정을 지나오면서 고도의 과학문명이 발달한 이 시대의 역사를 자랑하며 그것을 긍정한다. 이런 단계를 소박하고 단순한 인간적인 역사 긍정의 단계라고 말한다. 그러나 다시 한 번 우리 민족의 역사를 곰곰이 생각하고 되새겨 볼 때, 우리는 우리 민족의 역사에서 외세의 침략과 그로 인해 무기력했던 지난날의 어두운 모습을 회상하게 되고, 그럴 경우 우리 민족의 역사를 단순히 긍정하고만 싶지는 않게 되는 것이다. 마찬가지로 현대인 역시 현대 문명의 이면에 자리한 전쟁과 폭력, 환경파괴, 실업, 비인간화, 물화 등을 생각할 때, 또 권선징악이 무너지고 오히려 악이 난무하는 역사악歷史惡을 맞닥뜨릴 때, 이 시대의 역사의 흐름을 모두 긍정할 수는 없음을 깨닫게 된다. 이런 단계를 반성적인 인간적 역사 부정의 단계라고 말한다. 그런데 신앙이 없는 사람들의 경우에는 대체로 이러한 인간적인 긍정과 부정의 단계를 오갈 뿐 근원적인 탈출구를 찾지는 못한다.

하지만 신앙적인 관점에서는 인간적인 긍정과 부정의 단계를 뛰어 넘는 하나님 안에서의 재긍정의 단계가 있다. 즉, 비록 어두웠던 우리 민족의 지난 역사를 보고 또 오늘날 실재하는 역사악들을 볼 때 정말로 하나님께서 살아계셔서 역사를 주관하시는지 의문이 들기도 하지만, 그럼에도 불구하고 하나님께서는 고난과 역경의 세월을 통하여 우리 민족과 현대의 세상을 단련시키며 사명을 주시고, 마침내 모든 역사를 우리의 생각을 초월하시는 그분의 뜻대로 전적으로 주관하며 섭리하신다는 제3의 생각을 가질 수 있다는 것이다. 다시 말해, 역사는 아나키나 카오스가 아니라 분명한 목적과 과정이 있다는 것이다.

이런 도식은 교회의 문제에 대해서도 동일하게 적용할 수 있다. 예를 들어, 처음 교회에 나갈 때는 교회가 지닌 세상과는 다른 모습을 보고 인간적인 긍정을 하게 된다. 그러나 점차 교회를 더 알게 되면 그곳이 지상의 천국이 아니라 교회 바깥에서 경험했던 여러 가지 문제점들이 그대로 노출되는 것을 보면서 실망하는 인간적인 부정의 단계에 이르게 된다. 그러나 신앙이 있는 사람들은 이러한 인간적인 긍정과 부정의 단계를 오가며 반복하는 것에 머물지 않고, 한 걸음 더 나아가 교회의 본질을 생각하고 교회를 통해 하나님께서 어떻게 은혜를 베푸시고 역사하시는지에 주목하면서 교회를 재긍정할 수 있게 되는 것이다.

이러한 재긍정은 곧 신앙 안에서의 긍정이요, 하나님 안에서의 긍정이며, '그럼에도 불구하고'의 긍정이다. 이런 긍정 가운데서 인간적인 긍정과 부정을 뛰어 넘는 신앙적인 접근이 가능한 것이다. 그런데 이러한 "인간적인 긍정→인간적인 부정→하나님 안에서의 재긍정"의 도식은 기독교 교육에도 중요한 메시지를 던진다.

1. 교육에 관한 인간적인 긍정

교육의 역사에 나타난 어떤 이론이나 철학이든지 그것들은 한결같이 교육에 관한 인간적인 긍정을 표방한다. 이를테면, '자연으로 돌아가라'고 외친 루소J. J. Rousseau를 필두로, 프뢰벨Fr. W. A. Fröbel, 페스탈로치J. H. Pestalozzi, 헤르바르트J. F. Herbart에 의해 계승된 소위 자연주의

自然主義, Naturalism 교육사상은 인간 본래의 자연적인 본성을 중시한 사상으로서, 외부로부터 어떠한 손상이나 박탈 없이 그 본성을 보존하면서 발전시켜 나간다면 아동은 자연적으로 성장할 것이라고 주장한다.

이러한 자연주의에 영향을 받은 20세기의 진보주의進步主義, Progressivism 교육사상은 듀이John Dewey를 중심으로 파커Francis W. Parker, 킬패트릭William H. Kilpatrick 등에 의해 개발되었는데, 그것은 경험에 초점을 맞추는 이론이다. 즉, 아동의 경험을 개조함으로써 아동의 성장을 유도하고 자아를 실현시킬 수 있다고 보는 것이다. 이런 진보주의 교육사상을 비판하면서 나온 것이 배글리W.C. Bagley와 모리슨 Briggs Morrison의 본질주의本質主義, Essentialism 교육사상과, 허친스R. M. Hutchins와 애들러M. J. Adler의 항존주의恒存主義, Perennialism 교육사상이다. 그러나 이런 사상들 역시, 비록 그것들이 경험과 실용보다는 이성과 보편적인 가치를 내세우면서 아동중심을 교사중심으로 바꾸긴 하지만, 결국은 인간에 내재한 이성의 계발을 통해 인간을 상승시킬 수 있다는 낙관주의적 견해를 유지한다.

이후에 나온 것으로 브라멜드Theodore Brameld와 카운츠George Counts의 재건주의再建主義, Reconstructionism 교육사상이 있는데, 이것은 문화와 사회 가운데서 자아를 실현하도록 하는 것을 교육이라고 보고, 따라서 아동의 본성에 내재한 사회적 측면을 발달시키면 된다고 본다. 이 외에도 지난 세기 중반에 등장한 독일의 프랑크푸르트 학파 Frankfurter Schule의 비판이론Kritische Theorie이 있는데, 이 역시 교육을 통한 인간 해방의 가능성과 그 실현에 초점을 맞추었다.

또한 대안학교의 형태로 나온 여러 가지 교육철학들도 이와 같이 교육에 관한 인간적인 방식을 고수한다. 예를 들어, 발도로프 학교 Waldorfschule의 이념을 제공한 루돌프 슈타이너Rudolf Steiner의 인지학人 智學, Anthroposophie적 교육철학은 인간을 영혼과 육체와 정신으로 보는 통합적인 인간이해, 인간의 발달을 7년 주기의 세 단계로 보는 인지학적 발달 심리학의 이론, 그리고 12년간의 통합학교Einheitsschule의 학교 운영방식으로 차별이 없이 완전히 평등하고 자유로운 교육을 실시함으로써 아동의 모든 기능을 최대한 발휘시킬 수 있다고 믿는다. 섬머힐학교Summerhill School의 교육철학적 기초를 수립한 니일A. S. Neil도 아동의 선성과 선천적인 발달 잠재성에 관한 신념을 가지고 철저히 반권위적이고 자유로운 아동중심의 교육을 주창했다.

20세기와 금세기를 주름잡는 이러한 모든 잡다한 교육이론들은 공통적으로 성경이 가르치는 인간의 타락과 근원적인 죄성을 인정하지 않는다. 이들은 대개 아동의 경험이나 이성, 그리고 잠재성의 능력에 대해 신념을 지니고 있든지, 아니면 교사나 학교의 교육에 긍정적인 관점을 지니고 있다. 그 결과 아동을 자연과 더불어 자유롭게 교육하거나 아니면 본질주의나 항존주의에서 말하는 것처럼 교사들이 적절하게 통제만 한다면, 대부분의 아동들이 최대한으로 자아실현을 성취하고 훌륭한 인간이 될 수 있다고 믿는다.

물론 교육이라는 행위 자체가 이러한 교육의 능력과 결과에 대한 확신이 없이는 불가능한 것이겠지만, 그렇다고 해서 인간의 죄성과 영적인 차원을 간과해서도 안 되는 것이다. 그러나 안타깝게도 오늘날 대부분의 교육사상들은 인간의 죄성과 영적인 차원을 모르거나 간과하는 매우 소박한 인간관을 지니고 있다. 그렇기 때문에 그것들은 이론적으로는 교육이념들의 교육에 대한 긍정적 적용성에 대해, 실천적으로는 학교들의 교육적 성공 가능성에 대해 강한 신념을 표방하는 것이다.

이러한 교육이론들은 한결같이 인간중심적인 교육을 말하는 인간주의적인 입장에, 그리고 교육의 단초가 인간의 자연적 본성에 있다고 말하면서 교육의 초월적인 측면을 간과하는 내재주의적인 입장에 서 있다.

2. 교육에 관한 인간적인 부정

그러나 이런 대단한 교육이론들도 오늘날 교육에서 성공했다고는 말할 수 없다. 물론 그들 나름대로 자체적인 평가에서는 긍정적이라고 말할 수 있을지는 몰라도, 그 교육이념 가운데서 자란 아동들이 근본적으로 변화했거나 그로 말미암아 문명과 역사, 세상이 바뀌지는 않았기 때문이다. 사실 경험적 훈련을 통해서, 또는 이성적 능력의 확대를 통해서 인간이 아무리 뛰어난 기능인이 되고 지식인이 된다 하더라도, 아니 인간의 잠재력이 최대한 발휘된다 하더라도, 하나님의 계시가 없다면 인간은 자기 자신이 누구인지, 인간이 어디에서 와서 어디로 가는지, 그리고 삶의 목적은 무엇인지에 관해 도무지 알 길이 없게 된다. 뿐만 아니라 위로부터 임하시는 성령님의 거룩한 능력이 없이는 아무리 교육을 받은 인간이라 하더라도 전혀 변하지 않는 것이다.

이런 의미에서 교육에 관한 인간적인 부정, 인간적인 절망이 있게 된다. 인본주의적인 교육이 실패할 수밖에 없는 것은 그것이 아동의 학습능력과 교사의 교육능력에 관해 과신過信하기 때문이다. 인간의 능력에 대한 과신은 실패라는 결말로 귀착될 수밖에 없다.

이런 절망은 심지어 예수님의 교육에서도 나타난 현상이다. 예수님께서는 세상에서 가장 좋은 스승이었음이 분명하다. 현대의 여러 가지 교육학적 이론으로 보더라도 예수님께서 보이시고 행하신 교육의 방식들, 이를테면 섬김을 통한 모범의 교육, 비유를 통한 설명 등은 오늘날에도 탁월한 교육방법으로 평가되기도 한다. 뿐만 아니라 하나님으로서 가르치신 진리의 말씀과 신적 권위로서의 교육 등은 분명 범상한 인간의 교육과는 비교될 수 없는 차원이 다른 교육이었다.

하지만 이러한 예수님의 교육도 어떻게 보면 실패한 교육이라고 말할 수 있다. 왜냐하면 예수님께서 제자들을 삼년간이나 데리고 다니면서 교육하셨지만, 정작 예수님께서 고난 받으시고 십자가에 달려 돌아가실 때 그 제자들은 모두 무기력하게 실망과 배도의 길을 걸어 갔기 때문이다. 수제자였던 베드로만 보더라도 그는 전날 유월절 만찬에서 예수님을 절대로 부인하지 않겠다고 호언장담을 했지만, 정작 가야바 집안에서 일하는 하인이 묻는 질문에 저주하면서까지 예수님을 모른다고 부인했다. 뿐만 아니라 겟세마네 동산에서 예수님께서

잡히실 때도 베드로는 언제나 평화를 가르치고 실천하셨던 예수님의 제자답지 않게, "왼뺨을 맞으면 오른 뺨도 돌려대라"마5:39는 예수님의 산상보훈을 까마득히 잊은 채로 말고의 귀를 칼로 내리쳤다.

그러면 다른 제자들은 어떠했을까? 요한을 제외한 나머지 제자들은 예수님께서 십자가형을 받으실 때 어디서 무엇을 하고 있었는지 불분명하다. 따라서 이러한 제자들의 모습들을 볼 때, 예수님의 교육은 실패했다고 해도 과언이 아닐 것이다. 더군다나 예수님께서 운명하시고 난 후 베드로를 위시한 제자들이 옛날처럼 고기를 잡으러 갈릴리로 간 것은 도무지 이해하기 어려운 일이다. 결론적으로, 제자들은 오순절날 위로부터 임하신 성령님의 강력한 역사가 없이는 교육의 결과를 제대로 보여주지 못했다고 할 수 있다. 즉, 예수님께서 아무리 좋은 교육을 하셨어도 성령님의 강력한 역사 없이는 그 교육의 내용이 가동되지 않았던 것이다.

예수님의 교육이 이럴진대 인간들의 교육은 오죽하겠는가? 그러한 교육이 실패하리라는 것은 자명한 사실이다. 즉, 비록 기독교 교육이라 하더라도 그 교육이 인간적인 행위에 국한된다면, 그 교육은 실패할 수밖에 없는 것이다. 교육은 기본적으로 내적 한계성限界性을 지닌다. 내적 한계성이란 교육방법의 문제나 교사의 문제, 그리고 교육내용의 문제와 같은 것에서 나타나는 외적 한계성과 달리 교육 자체에 내재하는 고유한 본질적인 한계성을 말한다. 다시 말해, 교육을 통해서는 인간이 인간을 근원적으로 변화시킬 수 없는 것이다. 예수님의 교육도 실패했는데 하물며 인간이 교육의 주체가 될 경우 그 실패는 불을 보듯 뻔한 일이다.

교육은 절대적인 자신감이나 무조건적인 자아긍정의 논리 위에 수립되지 않는다. 오히려 참된 교육은 철저한 인간적인 부정 위에서 이뤄져야만 한다. 참된 교육은 교육의 주체와 대상 모두가 하나님 앞에 진솔한 죄인과 무능력자로 서는 데서 출발해야 한다. 더불어 위로부터 임하시는 성령님의 은혜를 갈구해야 한다.

3. 하나님 안에서의 교육의 재긍정

이런 점에서 우리는 교육에 관해 인간적으로 긍정하기가 매우 어렵다는 것을 깨닫게 된다. 뿐만 아니라 교육을 통해서 인간이 바뀌거나 변화되지 않는다는 것을 알고는 교육에 절망감까지 느끼게 된다. 그러면 우리는 교육에 관한 이런 인간적인 부정의 단계에서 그저 하늘만 바라보며 모든 교육적인 관심과 열정을 포기해야 하는가? 그렇지 않다. 인간의 불가능이 드러나는 순간에 하나님의 가능이 나타난다. 특히 인간이 철저하게 불가능을 체험하는 그 순간에 하나님의 역사가 일어나는 것이다. 하나님께서는 인간이 주체가 되는 교육의 실패를 보시면서 그냥 계시지만 않고 직접 개입하시기를 원하신다.

이 땅의 공교육이 실패하고, 세상의 모든 교육이 좌절하는 그 순간에 하나님께서는 그분의 뜻을 이루고자 하는 개인이나 무리들을 통하여 그분의 교육을 일으키신다. 바로 여기에 기독교 대안학교의 신적 근거와 존재 이유가 있는 것이다.

올바른 기독교 대안학교들은 교육의 황무지에서 하나님의 뜻을 따라 하나님의 교육_educatio Dei_을 행하고자 하는 하나님의 학교_schola Dei_들이다. 이곳에서 하나님의 교육을 대신하여 교육을 행하는 자들은 모두 하나님의 교육적 사역자_minister Dei_들이다. 인간적으로 실패할 수밖에 없는 교육이 하나님에 의해서 비로소 가능하게 된다. 하나님만이 진정한 교육의 주체이시며, 참된 교사이시다. 하나님만이 '참 교사'이시라면, 사람들은 '보조 교사'들에 지나지 않는 것이다. 다시금 언급하는 말이지만, 아우구스티누스도 『교사론_De Magistero_』에서 예수님만이 진정한 스승임을 설파하지 않았던가?

교육이 인간의 근원적인 변화를 도모하는 것이라면, 그것은 참된 스승인 예수 그리스도를 통해 인간의 영적 변화를 일으키시는 하나님의 은혜로운 역사가 없이는 불가능한 것이다. 즉, 교육의 근본적인 동인이 하나님이 되지 않고서는 '신자화信者化'라는 기독교 교육은 그 첫 출발부터 불가능한 것이다. 나아가 인간이 경건을 연습하고 거룩하게 되어가는 과정, 즉 제자화弟子化되는 과정도 하나님의 지속적인 관여가 없이는 불가능한 것이며, 인간이 자신 자신과 삼라만상의 진리를 갖는 것도 하나님의 계시 없이는 불가능한 것이다.

교육의 현장에는 언제나 말과 논리가 풍성하다. 아마 교육을 하는 사람들은 지혜와 지식, 말, 논리와 관련해 모두 대선생들일 것이다. 그러나 그 지식과 지혜가 그로 하여금 기독교인으로 살게 할 수는 없다. 변화된 인격을 갖게 할 수도 없다. 우리는 이것을 이미 노년기의 솔로

몬에게서 아주 분명하게 보고 있다. 지식과 말만의 교육으로 인간은 결코 변하지 않으며 참사람이 되지도 않는다. 오히려 하나님의 진리가 없는 지식은 인간을 교만하게 하거나 허위에 빠지게 할 뿐이며, 하나님의 은혜와 능력이 없는 인격은 인간을 과대포장만 시킬 뿐이다. 그러므로 기독교 교육은 결코 말의 잔치, 논리의 야단법석이 되어서는 안 된다. 기독교 교육의 원리도 성경을 자의적恣意的으로 해석하는 *eisgesis* 잡다한 교육이론들이 되어서는 안 된다.

기독교 교육의 본질과 존재의 원리*principium essendi*는 오직 하나님이시다. 하나님의 개입이야말로 기독교 교육의 첫 번째 동인動因, *actus primus*이다. 성부 하나님의 은혜와 성자 예수님의 복음과 성령 하나님의 능력이 교육의 알파와 오메가인 것이다. 인간중심적인 교육에서 절망한 우리는 하나님 중심적인 교육에서 다시 소망을 갖게 된다.

"*Alles Gute kommt von oben*모든 좋은 것은 위로부터 온다."[1]

---

1. 야고보서 1장 17절, "온갖 좋은 은사와 온전한 선물이 다 위로부터 빛들의 아버지께로부터 내려오나니"를 참고하라.

제5장

기독교 대안교육의 본질:
하나님의 교육

기독교 대안교육의 알파와 오메가는 하나님이시다. 비기독교적인 세속교육이 '인간의, 인간에 의한, 인간을 위한 교육'education of man, by man, for man이라면, 기독교 대안교육은 '하나님의, 하나님에 의한, 하나님을 위한 교육'education of God, by God, for God이다.   이는 교육의 주인이 하나님이시요, 교육의 동인도 하나님이시며, 교육의 목적 또한 하나님이시라는 말이다. 즉, 하나님께서는 학교를 세우신 창립자이시요, 학생들을 가르치시는 진정한 교사이시며, 또한 모든 교육이 나아갈 지향점이시며, 모든 학생들이 추구할 목표이시라는 것이다. 이렇듯 기독교 대안교육의 모든 것은 하나님 없이는 아무것도 되지 않는다.

이런 관점에서 기독교 대안교육의 핵심은 하나님 중심성God-centeredness이라고 말할 수 있다. 세속교육은 인간 중심성Man-centeredness을 말하지만, 기독교 대안교육은 하나님 없이는 그 어떠한 교육도 성립 또는 유지되지 않는다고 말한다. 이런 차원에서 기독교 대안교육은 단순히 세속적인 공교육에 대한 대안만 되는 것이 아니라, 모든 인간 중심적인 세속교육에 대해 진정한 대안이 되는 것이다. 다시 말해, 기독교 교육이 대안이 될 수 있는 것은 무엇보다 그것이 교육의 대상에 관해 인간을 만물의 영장靈長 정도가 아니라 하나님의 형상imago Dei으로 보고, 교육의 중심에 관해 인간의 자아계발 정도가 아니라 인간의 진정한 회복을 도모하고, 그리고 교육의 목표에 관해 궁극적으로 인간의 지식이나 행복추구가 아니라 하나님의 영광이라는 영원하고 초월적인 의미를 지향하기 때문이다.

1. 하나님의 관점에서 보는 교육

성경적 세계관은 '열린 세계관open worldview'이다. 왜냐하면 그것은 지상을 넘어 천상을, 현실을 넘어 내세를, 차안此岸의 역사를 넘어 피안彼岸의 세계를 말하고 수용하기 때문이다. 즉, 물질계와 현세를 넘어 초월계와 내세를 인정할 뿐 아니라 그 세계가 이 역사와 세계에 영향을 주고 관계한다는 것을 인정한다는 것이다. 그러나 이보다 더 심화된 의미에서 성경적 세계관은 하나님께서 세계를 섭리하신다는 차원에만 머물지 않고 더 나아가 아예 하나님의 관점에서 세계를 보는 것이다.

사실 성경은 성경을 비판하는 자들의 견해와 달리 인간이 하나님과 세상에 대해서 말하는 책이 아니라 하나님께서 인간과 세계와 자신에 대해 말하는 책이며, 또한 인간이 하나님을 찾아가는 이야기가 아니라 하나님께서 인간을 찾아오시는 역사라고 할 수 있다. 계시와 역사에서 하나님께서는 철저히 주체이시지 결코 대상이 아니시다. 따라서 성경적 세계관의 구성과 본질은 바로 하나님 편에서 말씀하시고 보시고 행하신 것을 찾아 그것을 우리의 것으로 만드는 것이다.

그렇다면 이러한 성경적 세계관의 관점에서 교육의 의미를 어떻게 해석해야 할까?

성경적 교육은 하나님의 관점에서 교육의 문제에 접근하는 것이다. 말하자면, 그것은 하나님께서 피교육자를 향해 바라시는 훈련과 양육의 뜻을 우리의 것으로 삼는 작업이다. 따라서 기독교 교육은 무엇보다 먼저 사람들과 기독교인의 공동체, 그리고 세상을 향하신 하나님의 뜻을 잘 아는 것 위에 수립된다. 다시 말해, 기독교 대안교육은 하나님 중심적인, 하나님 관점적인 교육을 말한다. 인간의 이성 및 세속적 인생관과 가치관의 측면에서 좋다고 생각되는 방향으로 변화시키는 교육이 아니라, 하나님의 관점에서 제시되는 방향으로 변화시키는 교육을 의미한다.

이렇게 하나님 관점적인 교육을 실행하기 위해서는 무엇보다 교육이 성경중심의 교육이어야 함은 두말할 필요가 없다. 성경은 인간의 본성과 인생의 목표에 대한 하나님의 분명한 진리를 제시한다. 나아가 성경은 모든 교육내용의 기본적이고 궁극적인 진리의 토대를 이룸은 물론, 교육의 방향과 목표까지도 가르쳐 준다. 성경은 기독교 대안학교들의 교육의 신조와 비전을 보여준다. 즉, 성경이야말로 기독교 대안학교의 참되고 유일한 교과서이며 진정한 교사이다.

*Sola scriptura sacra!*오직 성경!

따라서 우리가 성경을 읽는 것이 아니라 성경이 우리를 읽는 것이다. 우리가 하나님의 말씀을 읽는 것이 아니라 하나님의 말씀이 우리를 읽는 것이다. 하나님과의 관계에서 우리는 늘 청종자요, 말씀하시는 분은 언제나 하나님이시다. 데우스 딕시트!*Deus dixit,* 하나님께서 말씀하신다, 도미누스 딕시트!*Dominus dixit,* 주께서 말씀하신다. 우리가 말씀에 대한 주체가 아니요, 말씀이 우리에 대한 주체이다. 우리는 말씀의 객체요 대상일 뿐이다. 하나님의 말씀이 우리를 살피고 분석하며, 우리를 감찰하고 심판하며, 우리를 가르치고 고쳐가며, 우리의 "혼과 영과 및 관절과 골수를 찔러 쪼개기까지"히4:12 하는 것이다.

그러므로 기독교 대안교육은 하나님께서 외적으로 성경을 통해*principium externum,* 내적으로 성령님을 통해*principium internum* 교육의 모든 것에 대해 말씀하시는 것에 충실하고자 하는 것이라 하겠다. 교육과 관련해서 우리는 다만 그분의 말씀에 귀를 기울일 뿐이다.

2. 기독교 대안교육의 주인이신 하나님

모든 교육은 하나님으로부터 기인한 것이다. 때문에 비록 고대에 모세가 다닌 애굽 왕실학교에서의 교육이나 다니엘과 그의 세 친구가 다녔던 바벨론 궁정학교에서의 교육과 같은 세속적인 교육이라 하더라도, 그 우상성을 제외하고는 근원적으로 모두 하나님의 일반은총에 속한 것이다. 그러나 기독교 교육의 경우에는 일반은총의 측면도 있지만 근원적으로는 특별은총과 결부되어 있다. 왜냐하면 기독교 교육은 신자가 되게 하고 나아가 신자로서의 인격과 삶을 훈련받게 하는 것이기 때문이다.

하나님께서는 모든 교육의 본래적 출연자出演者이실 뿐만 아니라 그 교육의 주체主體이시기도 하다. 따라서 교육에서 인간은 도구에 불과하다. 학교나 가정, 그리고 교회에 부여된 교육의 주권은 하나님의 위임委任에서 비롯된 것이다. 특히 기독교 교육이란 하나님의 뜻을 찾고 그것을 이루기 위한 도구에 지나지 않는다. 이런 점에서 기독교 대안교육이란 궁극적으로 하나님의 역군들, 곧 하나님의 나라를 위해 봉사할 일꾼들을 양성하기 위한 수단이요 방편인 것이다.

따라서 기독교 대안교육의 주인과 중심은 하나님이시다. 즉, 기독교 대안교육은 '파이데이아 데우paideia Theou, 하나님의 교육'이며, '파이데이아 크리스투paideia Christou, 그리스도의 교육'이다. 교육의 중심이 하나님이시요 그리스도시라는 것은 이미 신약의 바울 서신과 사도적 교부인 클레멘스Clemens von Rom의 『고린도서 강해』에도 등장한다.

3. 기독교 대안교육의 동인이신 하나님

하나님께서는 기독교 교육의 기원이시며 주체이신 동시에, 그것의 진정한 동인이시기도 하다. 즉, 기독교 교육은 하나님께서 주시는 사명과 열정으로 이뤄진다는 것이다. 다시 말해, 이 땅에서 기독교 대안교육을 행하기 위해 부름 받고 그것에 헌신적으로 종사하는 사람들은 하나님께서 알게 모르게 부어주신 소명과 열정으로 일하고 있는 것이다. 하나님께서는 교육을 위한 그분의 부르심에 응답한 사람들에게 지속적으로 교육을 향한 열정을 주시고, 역경 가운데서도 교육을 진행하도록 인도하시고, 또한 궁극적으로 교육으로 말미암는 열매를 제공하신다.

무엇보다 하나님께서는 교육에 필요한 모든 영적, 인적, 물적 자원을 공급해 주시는 원천이 되신다. 하나님께서는 그저 가만히 교육을 보고 계시지만 않고, 때로는 교사의 사역을 통해 중개하는 방식으로, 때로는 학생들의 심령과 인격에 직접 관여하는 방식으로 참교사가 되어 주신다. 다시 말해, 하나님께서 실질적으로 가르치고 계시는 것이다.

이런 의미에서 아우구스티누스는 자기 아들 아데오다투스Adeodatus와의 대화형식을 빌려 쓴 『교사론De Magistro』에서 교육에는 외적 스승outer master과 내적 스승inner master이 있다고 말했던 것이다. 그에 따르면, 전자가 인간 선생이라면 후자는 말씀의 빛이요, 성령님의 은혜요, 나아가 성령님 자체이시다. 뿐만 아니라 아우구스티누스는

"참 스승은 예수 그리스도밖에 없다."라고도 말했다. 그런데 이렇게 예수님을 스승으로 보는 시각의 신학적인 기초는 알렉산드리아의 교부 클레멘스Clemens von Alexandrien에게까지 거슬러 올라간다. 이런 논의에서 소위 기독론적 교육학Christological pedagogy의 기원을 볼 수 있다.

4. 기독교 대안교육의 목표이신 하나님

세속교육은 그 목표에 있어 내재주의적內在主義的이다. 그것은 기껏해야 개인적으로는 자아발달과 자아실현에서 개인의 욕망달성과 행복추구에까지 이르고, 공동체적으로는 사회정의와 공익의 구현에서 문명의 발달에까지 펼쳐져 있다. 하지만 기독교 대안교육에서 교육의 지향점과 목표는 궁극적으로 하나님이시다. 그렇기 때문에 기독교 교육을 통해서 배우고자 하는 궁극적인 교육의 내용은 우선적으로 성경에 나타난 하나님의 진리이다. 또한 기독교 전인교육을 통해서 지향하고자 하는 목표는 예수 그리스도의 인격이다.

기독교 교육은 학교의 교육적 행위를 통해서는 물론, 그 교육을 받는 학생들을 통해서, 그리고 그 교육에 종사하는 교사들과 행정 직원들을 통해서 하나님의 뜻Volente Deo을 이루고자 하는 데 그것의 존재의 의가 있다. 비록 경우에 따라서는 인간의 뜻이 부각될 수도 있지만, 궁극적으로는 그것을 통하여 하나님의 뜻이 이뤄지기를 소망한다.

마지막으로 기독교 교육은 그 방향과 궁극적인 목표를 이웃 사랑을 실천하고 하나님의 영광을 구현하는 데 둔다. 그렇게 함으로써 개인의 삶과 세상에서 하나님의 나라를 확장하고 그리스도의 주권을 인정하도록 한다. 특별히 성경적 세계관에 기초한 기독교 교육은 학문의 모든 분야에서는 물론 삶의 모든 영역에서 그리스도의 주되심을 인정하고 고백하는 것을 지향한다. 그리스도께서는 구원의 주님이시고, 삶의 주인이시며, 교육의 주관자이시다. 이것이야말로 기독교 교육이 지향하는 바이다.

Soli Christo Gloria! 오직 그리스도께만 영광을!

제6장

기독교 대안교육의 세계관과 학문

1. 세계관과 학문

1) 기독교 대안학교들은 공립학교와는 달리 성경과 성경적 진리, 그리고 기독교 세계관 위에 수립된 교육과정을 지닌다.

　기독교 대안학교의 교사들은 공립학교의 교과과정도 비판적으로 수렴하지만, 기본적으로 성경과 기독교가 가르치는 진리에 따라 교육과정을 형성하고 그에 맞게 연구하고 교육한다. 이렇게 가르치고 연구하는 학문적 활동과 그 결과로서의 학문은 그것을 수행하는 사람들의 세계관에 따라 성립된다. 하지만 세계관이 바뀌지 않은 사람들은 이원론적 사고방식에 빠져 신앙과 이성, 종교와 과학을 분리시키는 오류를 범한다. 말하자면, 기독교 교육공동체에 종사하는 사람들 가운데서도 사람에 따라 예배나 기도 같은 신앙의 기본적 삶에는 충실하지만, 이중적 사고방식을 지닌 채 자신이 공적으로 고백하는 신앙고백이나 성경적 진리에 일치되는 학문 활동을 하지 않고 배치背馳되는 학문 활동을 하는 사람들도 있다는 것이다.

그런데 이러한 신앙과 학문의 불일치도 문제이지만, 이보다 더 큰 문제는 정작 당사자들이 그것이 모순이고 문제라는 것을 스스로 인식하거나 깨닫지 못한다는 데 있다. 예를 들어, 신앙고백으로는 창조론을 표방하면서도 수업시간에는 아무런 문제의식 없이 진화론을 가르치는 교육, 환경문제를 강의하면서 하나님 중심적 세계관으로 접근하지 않고 인간중심적 또는 자연중심적 세계관으로 접근하는 방식, 그리고 학생들을 지도하거나 상담할 때 하나님의 형상imago Dei이나 창조-타락-구속의 관점에서 접근하려고 하지 않고 오직 프로이트적인 정신분석학 이론이나 다른 세속적인 심리학의 관점에서 접근하려고 하는 것 등이다.

이렇게 기독교 대안학교에도 부지불식간에 이중주의적 사고방식과 세계관을 지닌 채, 신앙과 이성, 종교와 과학을 분리시켜 연구하고 교육하는 경우가 있을 수 있는데, 이는 그리스도의 터 위에서 이성의 바벨탑을 쌓는 격이라고 할 수 있다.

2) 기독교 대안학교들에서 이뤄지는 모든 학문은 성경적 진리와 기독교 세계관 위에 수립되어야 한다.

학문의 기초와 내용, 과정과 방법, 목적과 응용 등 학문의 총체적인 측면이 하나님께서 창조하신 세계의 원리와 질서를 알고 궁극적으로는 하나님의 영광을 드러내며 하나님을 섬기는 행위가 되어야 한다. 특히 학문은 그것을 수행하는 학자 또는 교사들의 인격과 분리되어서는 안 된다. 학문이 인격과 분리될 때, 그것은 때로 비인간적이고 반인간적인 결과들을 초래하기도 하였다. 따라서 학문은 그것을 수행하는 사람들의 선한 동기와 결부되어 하나님의 영광을 드러내는 한편, 이웃 사랑을 실천하는 목적과 방향성을 지녀야 한다.

3) 기독교 학문의 기초를 다루는 분야는 기독교 철학이다.

기독교 철학은 실재의 전체성에 대한 이론적 체계로서, 실재의 개별분야에 대한 다양한 학문의 성경적 정초를 제공한다. 그러므로 기독교적인 학문을 하거나 기독교적인 교육을 하고자 하는 사람들은 기독교 철학에 관한 지식을 충분히 구비해야 한다. 그리할 때 그들이 인문과학, 사회과학, 자연과학과 같은 학문영역에서 학문의 기초와 원리, 교육내용과 커리큘럼을 성경적 교육이념과 원리 위에 정립할 수 있을 것이다.

그리고 이와 결부하여 기독교 대안학교의 운영진은 학교에서 이뤄지는 모든 교육내용이 성경적으로 옳고, 또 성경과 세계관, 기독교 철학에 부합한지 부단히 검증하고 살펴야 할 것이다. 예배도 있고, 학교의 경영도 신앙적 원리에 따른다고 하더라도 막상 학교에서 학생들에게 가르치는 교육내용과 교사들이 연구하는 학문내용이 성경적 진리와 일치하지 않는다면, 우리는 모세의 정원에서 플라톤의 장미를 피우게 하는 어처구니없는 행위를 하는 셈이다. 만일 세속학문이 성경과 일치하지 않는다면, 비록 변증을 위해서 그것을 연구하고 배울 수는 있다 해도, 그것을 '바울이 말하는 배설물'처럼 버릴 수 있는 자세가 되어야 한다. 이 "모든 것을 해로 여김은 내 주 그리스도 예수를 아는 지식이 가장 고상하기 때문"빌3:8이다.

4) 기독교 학문을 수행하는 이성은 단순한 자연적 이성이 아니라 '중생된 이성'이다.

거듭나는 것은 감정과 의지의 영역에만 해당되는 것이 아니라 지성의 영역에도 해당된다. 우리가 거듭나는 것은 원죄로 말미암아 옛 사람 된 자들이 그리스도로 말미암아 새 사람이 되는 것을 말하는데, 이런 중생은 사람의 전인격에 걸쳐 일어나며, 또한 그 언행과 삶에서도 징표를 찾을 수 있다. 따라서 중생된 이성은 내적으로는 신앙에 의해 인도되고 통제되며, 외적으로는 성경을 따라 사유하게 된다. 그리고 무엇보다 그것은 성령님의 작용 아래 놓인다.

실제로 기독교의 모든 이론과 실제는 이러한 이중적 인식 원리 *duplex principium cognoscendi*가 지배하는데, 그중 하나인 내적 인식원리 *principium cognoscendi internum*는 성령님이요, 다른 하나인 외적 인식원리 *principium cognoscendi externum*는 성경이다. 이 두 가지 원리들은, 아우구스티누스와 칼빈에 따르면, 하나님께서 그분의 뜻을 우리에게 알리는 방편으로서, 언제나 모순되지 않고 일치한다. 왜냐하면 칼빈에 의하면 '성경은 성령님의 학교요 교과서'이기 때문이다.

만일 신앙생활과 교회적 실제, 그리고 대안학교를 비롯한 모든 교육적 활동에서 성령님이 없이 성경만 있게 된다면, 그것들은 열매가 없는 주지주의主知主義와 사변주의思辨主義에 빠지게 될 것이다. 반대로 성경이 없이 성령님만 있게 될 경우에는 신학적 기초와 성경적 세계관이 없는 열정과 감성주의만 난무하게 될 것이다. 따라서 기독교 학문은 '신앙에 의해 통제되는 중생된 이성이 성령님의 인도 하에서 성경의 진리를 따라 수행하는 지성적 작업'이라고 할 수 있다. 그러므로 기독교 학문을 하는 데서 신앙 및 중생된 이성은 결코 갈등하지 않고 조화를 이룰 수 있다. 즉, 한편으로 신앙은 중생된 이성의 기초로서 그것을 줄곧 인도하고, 다른 한편으로 중생된 이성은 하나님의 뜻과 진리를 더욱 깊이 알아 가므로 신앙을 심화시키고 향상시킨다.

단순한 신앙이 지식에 의해 깊어지고 심화된다는 논리는 아우구스티누스의 가르침이기도 했다. 비록 종교개혁자 루터Luther는 인간의 이성의 허약함을 간파하고 '인간의 이성은 창기娼妓, Menschliche Vernunft ist Hure'라고 했지만, 칸트Kant와 동시대인으로 루터파 소속의 기독교적 사상가였던 하만Johann Georg Hamann(1730~1788)[1]은 비록 타락한 인간

---

1. Hamann은 '북방박사(Magus des Nordens)'라는 별칭으로 알려져 있는데, 이는 1760년에 나온 하만의 책 『동방박사(Die Magi aus dem Morgenlande)』에 빗대어 프리드리히 칼 모제르(Friedrich Karl von Moser)가 그를 그렇게 칭했기 때문이다. cf. Friedrich Karl von Moser, Treuherziges Schreiben eines Layen-Bruders im Reich an den Magum im Norden oder doch in Europa, 1762, in: *Gesammelte moralische und politische Schriften.* Bd. 1, 1763, S. 503. 하만은 소위 근세의 문예운동이던 "질풍과 노도(Sturm und Drang)" 운동 및 낭만주의의 선구자였고, 독일 근대의 대표적인 지식인들이었던 헤르데(Herder), 야코비(Jacobi), 요한 볼프강 괴테(Johann Wolfgang Goethe), 게오르그 빌헬름 프리드리히 헤겔(Georg Wilhelm Friedrich Hegel), 프리드리히 빌헬름 요셉 셸링(Friedrich Wilhelm Joseph Schelling), 에른스트 폰 라조(Ernst von Lasaulx) 등에 강력한 영향을 주었고, 실존주의 창시자인 쇠렌 키르케고르(Søren Kierkegaard)에

의 이성이 창기와 같을지라도 그 이성이 신앙과 접목하면 그것은 '거룩하다heilig'고 설파했다. 하지만 그럼에도 불구하고 궁극적으로 참 학문의 근원은 인간의 이성이 아니라, 그 근거로서는 성경이요, 그 행위로서는 '여호와를 경외하는 것'이다. 성경은 "여호와를 경외하는 것이 지식의 근본"잠1:7이라고 하였다.

실로 여호와를 경외하고 그분을 사랑하는 것이 참 학문함의 출발이다. 즉, 환원하자면, 학문이란 존재와 지식의 근원인 하나님을 알고 그분의 말씀을 아는 것인데, 하나님의 본질은 사랑이므로 하나님을 사랑해야 하나님을 알 수 있는 것이다. 아리스토텔레스의 논리처럼, 신神이 본질상 '이성νους'이거나 '이성 그 이상의 것επεκεινα νου'이라면, 신은 이성으로 인식될 수 있을 것이다. 하지만 아우구스티누스의 논리처럼, 하나님께서는 사랑이시므로 인간의 이성으로 알 수 없고, 오직 하나님을 참으로 사랑하는 자만이 하나님을 알 수 있는 것이다.

이런 의미에서 동방의 마지막 교부인 다마스커스Johannes Damaskus는 "하나님을 사랑하는 것philotheos이야말로 진정한 철학philosophia이다."²라고 했던 것이다. 그러므로 기독교 학문은 단순히 사변적인 체

게도 많은 영향을 주었다.

2. Johannes Damaskus, *Dialectica(κεφάλαια φιλοσοφικά)*, in: *Die Schriften des Johannes von Damaskos*, hrg.v. P. Bonifaz Kotter, Berlin 1969ff.에서는 "철학이란 결국 지혜에의 사랑이다. 하지만 참 지혜는 신이므로, 신을 사랑하는 것(*philotheos*)이야말로 진정한 철학(*philosophia*)이다."라고 하였다. 이런 견해는 이미 그 이전의 바실(Basil)이나 닛사(Gregorius von Nyssa) 같은 카파도키아(Cappadocia)의 학자들에게서도 보인다. 닛사는 신은 아우토소피아(αύτοσοφία, 지혜 그 자체)이므로 참된 철학은 결국 신을 사랑하는 것이 되지 않으면 안 된다고 보았다. 또 나지안주스(Gregorius von Nazianzus)에 따르면, 참된 필로소피아(φιλοσοφία)와 필로데오이(φιλοδεοί)는 같은

계로만 머물지 않고 사랑과 같은 실천성을 지닌다고 하겠다.

2. 기독교 대안학교의 교육내용

1) 기독교 대안학교의 교육내용의 초석은 무엇보다 먼저 학생들의 신 자화에 있다.

이를 위해서는 학생들로 하여금 하나님의 은혜를 체험하고 예수 그리스도의 복음을 접하게 해야 하는데, 이런 일차적인 교육은 교실에서의 수업만으로는 불가능하고, 예배와 설교가 행해져야만 한다. 중세의 스콜라schola에서는 렉치오lectio, 강의와 디스푸타치오disputatio, 토론라는 두 가지 방법 외에 제3의 교육방법으로 세르모sermo, 설교를 도입하였다. 이 시대에도 기독교 교육의 일차적인 커리큘럼은 설교와 예배여야 한다.

2) 성경의 진리와 기독교 교리를 체계적으로 배우기 위해서는 설교와 예배 외에도 성경공부가 수반되어야 한다.

성경공부를 통해서는 무엇보다 예수 그리스도로 말미암는 구원을 가르치는 복음과 복음적 삶에 대해 배워야 한다. 그리고 성경에서 가르치는 하나님, 인간, 세상을 바로 알고, 신앙과 신앙생활에 관한 교훈

자이며, 그런 의미에서 '철학자'는 '신앙인'과 교호적(交互的)으로 쓸 수 있다고 했다.

을 배워야 한다. 특히 성경을 지적으로 탐색하기보다 경청과 순종의 자세를 가지고 살아 있는 하나님의 말씀으로 받아들일 수 있게 해야 한다. 또한 그럼으로써 학생들이 자신의 구원에 대해서는 물론, 자신의 삶과 인생의 소명과 관련해 하나님의 뜻을 찾을 수 있게 해야 한다.

3) 기독교 대안학교는 성경을 가르치는 것만이 아니라 각 학문분야에서 성경이 제시하는 진리에 부합하는 교육내용을 가르쳐야 한다.

이를 위해서는 성경적 관점에서 집필된 좋은 교재를 선택하는 것이 중요하고, 그런 교재가 없는 경우에는 교사들이 개척자의 자세로 자신이 가르치는 교육내용에 대해 성경이 어떤 답을 제시하는지 연구하면서 가르쳐야 할 것이다. 성경은 인간의 구원에 관해서만 계시하는 것이 아니라, 구원받은 자들이 어떻게 살아야 하는지를 가르치며, 나아가 존재계 전체에 관한 일반적이고 총론적인 진리와 각 실재계에 부여하신 각론적인 원리들을 보여준다.

특히 성경은 세상이 어디에서 와서 어디로 가는지, 세상의 존재의의는 무엇인지, 인간의 정체성은 무엇인지, 인간의 삶의 의미와 목적, 기준은 무엇인지, 삶과 죽음의 이치는 무엇인지, 사후의 세상과 내세는 어떠한지, 나아가 역사의 법칙과 목적은 무엇인지에 대해 말해준다. 실제로 모든 학문의 총합격인 철학이 질문을 하는 학문이라면, 하나님의 말씀인 성경은 그런 질문에 관해 답변하는 것이라고 할 수 있다.

4) 기독교 대안학교는 구체적으로 기독교 세계관과 인생관, 가치관을 가르쳐야 한다.

세계관은 우리가 쓰고 있는 안경에 비유할 수 있다. 우리가 어떤 색깔의 안경을 쓰느냐에 따라 세상은 각각 다르게 보일 것이다. 예를 들어, 만일 어떤 사람이 마르크스주의라는 붉은 안경을 쓰고 세상을 본다면, 세상 사람들은 모두 가진 자와 가지지 못한 자로 보일 것이며, 역사 또한 부르주아 계급과 프롤레타리아트 계급의 투쟁으로 보일 것이다. 나아가 세상은 오직 물질로만 가득 찬 영역이 될 것이다. 반면, 만일 어떤 사람이 생태주의生態主義라는 녹색 안경을 쓰고 세상을 바라본다면, 세상은 온통 개발논리와 산업화라는 괴물에 의해 파괴당하고 있으며, 인간들은 자연의 환경오염과 생태계 파괴를 일삼는 폭군으로 인식될 것이다.

또한 염세주의厭世主義라는 어두운 안경을 쓰고 세상을 본다면, 세상은 온통 먹구름으로 가득하거나 눈물의 골짜기와 같을 것이며, 낙천주의樂天主義라는 밝은 안경을 쓰고 세상을 본다면, 세상은 항상 꽃이 피고 종달새가 나는 화창한 봄날이 될 것이다. 이렇듯 사람이 어떤 안경을 쓰느냐에 따라 세상은 그에게 확연히 다르게 보이게 된다. 뿐만 아니라 그 안경은 세상만이 아니라 자기 자신에게도, 즉 자신의 말과 행동, 삶과 꿈에도 결정적인 영향을 준다.

그런데 요즘은 과거에 비해 세계관이란 안경을 더욱 빨리 쓰게 되는 것 같다. 현대인들은 이미 유치원이나 초등학교 시절에, 특히 무엇보다 중학교와 고등학교 시절에 세계관이 거의 확립된다. 그러므로 이 시기의 학생들을 가르치는 기독교 대안학교들은 철저하게 성경적 세계관과 인생관을 가르치고 훈련시켜야 할 것이다.

유물론자나 쾌락주의자, 염세주의자, 상대주의자가 세상을 바라보는 것과 성경적 세계관으로 세상을 바라보는 것은 완전히 다르다. 그렇기 때문에 어려서부터 세상을 바라보는 성경적인 안경을 쓰도록 해주어야 한다. 즉, 기독교 세계관으로 세상을 바라보도록 가르쳐야 한다. 성경적 세계관 안에 기독교 인생관, 가치관 등이 모두 내포되어 있다. 따라서 기독교 대안교육은 이런 세계관을 교육하기 위해 성경의 가르침과 기독교의 교리를 기독교 세계관적으로 풀어낼 수 있어야 한다. 이것이 기독교 대안교육의 중요한 과제이다.

5) 기독교 대안학교는 성경에 기초한 삶의 습관과 지, 정, 의, 체에 걸친 균형 잡힌 교육, 곧 전인교육을 해야 한다.

비록 공교육이 아니라 대안교육이라고 하더라도 그것이 학교인 이상 당연히 학습위주의 교육이 될 수밖에 없지만, 기독교 대안학교는 최대한 지성과 감성, 그리고 의지적이고 신체적인 훈련을 조화 있게 실시해야 한다. 다시 말해, 학문분야들을 체계적으로 가르치는 지식교육, 미적 감정 및 정서순화와 결부되어 있는 예술적 훈련, 옳고 그름 및 의지의 조정에 관한 윤리교육, 그리고 건강한 신체를 지니도록 하는 체력훈련 등을 골고루 시켜야 한다.

사람들을 보면 어떤 이는 좋은 두뇌와 탁월한 지식이 있는 데도 감성의 문이 열려 있지 않아 인간다운 면모가 약한 데 반해, 다른 이는 감정은 고도로 발달하여 미추美醜에 예민하고 정감적인 데도 의지와 결단력이 약해서 삶에서 우유부단한 경우가 종종 있다. 또한 굳센 의지도 있고 정의에 대한 의협심이 가득하지만, 지혜가 모자라고 학문이 일천한 사람들도 있다. 그러므로 기독교 대안학교는 사람들에게 전인격의 균형 잡힌 교육을 할 수 있어야 한다.

6) 기독교 대안학교는 경건훈련을 실시함으로써 학생들이 거룩한 습관을 지니게 해야 한다.

이 시대의 청소년들은 또래집단과 세상문화로부터, 그리고 유감스럽게도 가정으로부터도 배우고 익힌 거룩하지 못한 세속적인 습속들을 지니고 있다. 그러므로 기독교 대안학교에서는 먼저 이러한 학생들에게 세속적인 습속들이 들어오는 문들을 닫는 강도 높은 훈련이 필요하다. 때문에 몇몇 학교에서 실시하는 핸드폰 사용금지와 같은 매체 차단 훈련프로그램인 '3무교육'은 의미가 있다고 할 수 있다.

기독교 대안교육은 학생들의 자율성이 우선시 되는 일반 대안교육과 달리 자율성보다는 학교주도의 선도적 훈련에 더 우선권을 두어야 한다. 학생들의 자율권은 이러한 기독교 대안학교의 교육원리 내에서만 가능하다. 말하자면, 존 로크J. Locke의 구호대로 '법法 내에서의 자유自由'인 것이다.

7) 기독교 대안교육은 교육내용에서 성경적 관점으로 접근함은 물론 학문의 수월성까지 겸비해야 한다.

대안학교에서 가르치는 교육내용 수준은 일반학교들에 비해 결코 떨어져서는 안 된다. 오히려 더 철저하고 더 수준이 있어야 한다. 즉, 가장 깊이 있는 내용, 가장 수준 높은 학문, 최첨단의 분야들이 제시되어야 한다. 그러기 위해서 기독교 대안학교에서 가르치는 교사들은 자신의 학문분야에서 탁월한 학자와 교사가 되어야 한다.

대안학교가 학문적인 수월성을 유지하지 못한다면, 현실적으로 일반 공교육에 종사하는 다른 교사나 동료 학자들에게서 인정을 받지 못할 뿐만 아니라, 결과적으로 대안학교가 주장하는 모든 것이 때로는 무시당하고 궁극적으로는 하나님의 영광을 가리게 된다. 무엇보다 대안학교 스스로도 만족하지 못할 것이며, 결국 학생들과 학부모들에게서 학교교육에 관한 신뢰를 얻지 못할 것이다. 그러므로 세상의 명예나 세속적 명성을 위해서가 아니라 하나님의 영광과 우리의 이 거룩한 사역을 위해서 학문적 수월성을 확보해야만 한다.

8) 기독교 대안학교는 학생들이 하나님의 영광을 위해 그들의 장래를 설정하도록 그리스도 안에서 비전을 가질 수 있게 가르쳐야 한다.

이를 위해서는 교사들에게 소명감과 역사의식이 있어야 하며, 또한 분명하고 투철한 신앙이 있어야 한다. 아무런 비전이 없는 교사는 학생들에게 꿈을 심어줄 수 없다. 이러한 소명교육召命教育은 교육의 열매이기 때문에, 그만큼 소명교육을 위해서는 여러 가지 교육 프로그램을 개발하는 것이 중요하다. 그렇게 개발된 커리큘럼으로 학생들을 교육할 경우, 교육의 열매가 결코 작지 않을 것이다.

제7장

기독교 대안학교의
교육체계와 교육과정

1. 기독교 대안교육의 체계와 목표

기독교 대안교육은 그 실제에서와 마찬가지로 그 내용에서도 성경 위에 수립된다. 성경은 정통교리Orthodoxy와 정통실천Orthopraxis의 원리가 되며, 교육의 실천원리와 내용구성은 물론 우리의 모든 삶의 기초가 된다.

성경에 기초한 기독교 교육은 무엇보다 먼저 피교육자를 그리스도께로 돌아오게 하는 중생의 교육이 되어야 한다. 다시 말해, 어떤 형태의 교육이든 기독교적인 교육은 먼저 피교육자를 기독교인이 되게 하는 신자화 교육을 포함해야 한다는 것이다. 사실 이것 위에서만 학생들의 참다운 교육과 하나님 앞에서의 의미 있는 교육이 가능하다. 이런 중생의 교육은 기독교 학교가 학생들의 가정은 물론 그가 소속

된 교회와의 협력 속에서 진행시키는 것이기도 하다.

　그리고 기독교 학교는 성경을 가르치고, 성경의 관점에서 다양한 학문분야에 걸쳐 진리교육을 행하고, 나아가 기독교인으로서 온전한 삶을 영위하도록 기독교 세계관과 인생관, 가치관을 교육시켜야 한다. 또한 학생들이 지적학습에만 편향되지 않도록 하고, 지, 정, 의, 체에 걸쳐 전인적인 교육을 수행하면서 각자의 특징과 은사들을 집중적으로 계발하도록 해야 한다. 이런 교육은 무엇보다 학생에 대한 교사 및 학교의 사랑과 헌신에 기초하여 실시하되, 궁극적으로는 교사나 학생 모두가 예수님을 닮는 인격을 지니게 해야 한다.

　이와 같은 교육내용과 목적을 지닌 기독교 대안학교의 교육은 학생들의 삶의 터전인 가정과 사회 속에서 '바른 신앙과 성경적 세계관을 지닌 자', '학문과 특기의 깊이와 그리스도를 닮은 인격의 소유자', '소명의식을 가지고 섬기고 헌신하는 자'로서의 삶을 살도록 만드는 데 있다. 다시 말해, 기독교 대안교육의 지향점은 학생들이 철저히 준비되어 하나님께 영광을 돌리고 이웃을 사랑하기 위해 자신의 생을 드리는 사명자 또는 제자의 삶을 살도록 이끄는 소명召命의 교육을 실시하는 데 있는 것이다.

　기독교 대안교육의 전체 구도를 도표로 그리면 다음과 같다.

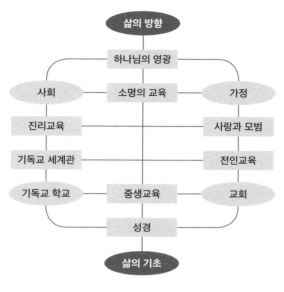

<기독교 대안교육의 체계>

물론 이런 교육의 최종적인 목표는 하나님의 영광에 있다.

Soli Deo Gloria! 오직 하나님께 영광을!

1) 중생교육

- 교육대상 이해: 학생들은 영적으로 구원받아야 할 죄인*peccator*이
  요, 구원받은 후에는 하나님의 백성이라는 인식을 지녀야 한다.
- 교육의 기본원리: 모든 기독교 교육의 핵심적인 관심사로서 피
  교육자의 중생에 초점을 둔다.
- 교육과정 및 활동: 정규적인 예배, 개인적 성경묵상과 기도생활

훈련, 전체 또는 학년 단위의 영적부흥집회를 시행한다.

- 교육의 목표: 중생, 신앙형성과 성장을 통한 신자화를 지향한다.
- 교사의 준비: 교사 자신이 먼저 중생된 기독교인이어야 하고, 중생교육이 모든 기독교 교육의 우선적인 관심이어야 함을 인식해야 한다.

2) 진리교육

- 교육대상 이해: 학생들은 무엇보다 배워야 하고, 하나님의 진리 안에서 자라가야 할 존재이다.
- 교육의 기본원리: 학생들의 학문적 수월성을 제고시켜야 하며, 특히 성경적 관점으로 제반교과를 조명한다.
- 교육과정 및 활동: 성경공부와 성경적 관점에서 교과교육을 시행하되, 여기에는 일반 교과과정의 가치중립적인 기본 교육내용도 포함되어야 한다.
- 교육의 목표: 바른 진리를 인식하고 학문적인 우수성을 겸전한 진정한 실력자를 양성한다.
- 교사의 준비: 성경에 대한 바르고 깊은 지식을 구비하고, 동시에 자신의 학문분야에 탁월한 소양을 지녀야 하며, 그것을 성경적 관점에서 조명하고 가르칠 수 있어야 한다.

3) 기독교 세계관, 인생관, 가치관 교육

- 교육대상 이해: 학생들은 기독교인이 되는 것만이 아니라 기독

교인으로 살아가야 할 존재이다.

- 교육의 기본원리: 시대정신과 대중문화를 통해 들어오는 세속적인 세계관과 가치관을 차단하고, 철저하게 성경적 세계관으로 무장되도록 해야 한다.
- 교육과정 및 활동: 기독교 세계관, 인생관, 가치관 등을 가르친다.
- 교육의 목표: 학생들이 평생 온전한 기독교인으로 살아가는 데 필수적인 성경적 세계관을 습득하고, 그것을 자신의 삶에 적용하게 한다.
- 교사의 준비: 기독교 세계관과 가치관을 위한 교육 훈련프로그램을 이수하든지 학습해야 한다.

4) 사랑과 모범의 교육

- 교육대상 이해: 학생들은 교육을 받는 자들일 뿐만 아니라 사랑과 관심을 받는 소중한 자녀요 존귀한 하나님의 백성이다.
- 교육의 기본원리: 교사들은 단순한 직업의식으로 근무하지 않고 참된 스승으로서 사랑과 헌신으로 일해야 한다.
- 교육과정 및 활동: 학생들에 대한 상담, 바른 규율시행, 리더십 훈련, 교사와 함께 하는 특별프로그램 등이 시행되어야 한다.
- 교육의 목표: 모범, 그리고 헌신과 사랑, 격려와 훈계를 통하여 '따뜻하고 실제적인 산 교육'이 되게 한다.
- 교사의 준비: 교사는 학생들에게 진정한 멘토로 준비되고 나타나야 한다.

5) 전인교육

- 교육대상 이해: 학생들은 하나님의 형상을 따라 영성 및 지, 정, 의와 같은 인격성을 지닌 영적인 인격체임을 인식한다.
- 교육의 기본원리: 하나님의 형상을 회복하면서 지, 정, 의가 균형적으로 그리고 심화적으로 개발되도록 한다.
- 교육과정 및 활동: 적성에 맞는 예술교육 및 기술적 훈련, 체력 강화 훈련과 극기훈련, 다양한 동아리활동, 공연관람, 공연 회개최, 리더십 훈련, 학생 자치회 활동 등이 포함되어야 한다.
- 교육의 목표: 학생들의 지, 정, 의가 균형적으로 발달하고, 예수 그리스도를 닮은 아름다운 신앙의 인격자가 되도록 준비시킨다.
- 교사의 준비: 예술적, 문화적 소양이 풍부해야 하고, 부족한 부분을 보완해 나가는 자세가 필요하다.

6) 소명교육

- 교육대상 이해: 학생들은 세상을 움직이시는 하나님에 의해 부름 받은 하나님의 차세대 일꾼들임을 인식한다.
- 교육의 기본원리: 학생들이 맹목적으로 살지 않고 인생의 목적을 찾아 뜻있는 삶을 살도록 준비시킨다.
- 교육과정 및 활동: 은사의 발견 및 훈련프로그램, 교회 봉사활동, 사회 봉사활동, 각 분야의 전문가 초청특강, 해외 문화탐방, 해외 단기선교 등의 프로그램이 필요하다.
- 교육의 목표: 학생들이 자신의 은사와 비전을 발견하여 하나님

께 영광을 돌리고, 이웃을 사랑하기 위해 헌신하는 진정한 사명
자가 되게 한다.
- 교사의 준비: 자신의 사역을 하나님께서 주신 소명으로 생각하
고 헌신하며, 나아가 재능의 다양성을 인정하고, 그것을 계발하
고 촉진시키는 다양한 방법론과 프로그램을 개발한다.

정리하자면, 기독교 대안교육은 인간의 이성에 기초하여 인간의
자아실현과 인간다운 삶을 추구하게 하는 인본주의 교육이 아니라,
성경에 기초하여 하나님의 방식대로 교육하고 하나님의 영광을 위한
삶을 추구하도록 하는 신본주의 교육이다. 따라서 기독교 대안교육
은 건실한 사회인이 아니라 무엇보다 먼저 하나님의 나라를 위한 인
재 양성에 초점을 맞춘다. 물론 학생들이 하나님의 나라를 위한 교육
을 받게 된다면, 그들은 당연히 올바른 자아형성과 사회를 위한 역군
도 되게 마련이다.

2. 기독교 대안학교의 교육과정

기독교 대안학교의 커리큘럼은 학교의 교육신조 또는 교육의 방
향설정에 따라 다양할 수 있다. 특히 어떤 목적을 가지고 학생들을 교
육시키느냐에 따라 커리큘럼은 크게 다를 수 있다. 하지만 전체적으
로 보아 다음과 같은 교육과정으로 구분할 수 있다.

1) 예배 및 성경 교육과정

본질적이고 기초적인 과정으로서 경건회가 있다. 기도회를 하지 않는 경우에는 경건회를 매일 할 수도 있고, 기도회를 매일 가질 경우에는 경건회를 주 몇 회로 제한할 수도 있다. 성경 및 교리와 관련한 교과로는 성경을 그대로 배우는 성경공부과정과 성경 외에 기독교의 기본적인 교리도 학습하는 교리교육과정이 있다. 이 교육과정은 성경을 70에서 80퍼센트로, 교리를 20에서 30퍼센트로 배분하는 게 이상적이지만, 경우에 따라 조정할 수 있다.

2) 통상 교과교육과정

일반 초, 중, 고등학교에서 이뤄지는 교과과정에 따른 수업으로서 기독교적으로 접근한다. 이 경우에는 교과서 전체를 일반교육에 맞춰 성경적 관점에서 재집필하는 것이 이상적이지만, 그렇지 못할 경우 어학이나 수학과 같이 세계관적 또는 형이상학적 요소를 내포하고 있지 않는 교과들에서는 일반교육과정을 그대로 도입하고, 그런 요소를 담지하고 있는 교과들은 별도의 교과서를 채택한다. 전체적으로 교과들을 균형 있게 수업해야 하지만, 시대적 추세와 굳이 달리할 이유가 없으므로 문학, 어학, 수리에 비중을 두는 것도 좋을 듯하다.

3) 전인교육과정

세계관과 가치관, 철학 등과 같은 관점 형성과정, 기독교 윤리와 같은 인성 함양 및 계발과정, 예술과 체육 같은 정서적, 신체적 훈련과정, 탐방과 사회봉사 같은 실천적 훈련과정이 있다. 이러한 네 가지 분야를 전체적으로 균형 있게 배분한다.

4) 특화교육과정

학교 전체가 추구하는 전체적인 특화과정과 학생 개인들의 특장을 살리고 계발하는 개별적인 특화과정으로서, 이는 전체적인 특강형태와 개인적인 교습형태를 취할 수 있다.

5) 자율학습과정

자율학습은 정규과정으로 넣을 수도 있고, 아니면 정규과정과 별도로 시행할 수도 있다. 이 자율학습에 관해서도 학교가 기본적인 지침을 주고 이끄는 것이 중요하다. 자율학습 가운데는 개인에 따라 통상교육과정에서 보충이 필요한 자율학습, 자신의 진로와 결부하여 개인적인 특장을 살리는 자율학습, 그리고 교과과정과 무관한 다양한 기술적 또는 실제적인 자율학습이 있다.

6) 비학생 관련 교육과정

여기에는 학교에 근무하는 교사 및 강사들과 직원들에 대한 훈련 프로그램, 학부모들에 대한 교육, 그리고 학교 밖의 사회교육형태가 있다. 이러한 교육을 통하여 학교는 근무하는 사람들의 의식을 고취하고 훈련하며, 학교교육과 가정지도 간의 원만한 조화와 긴밀한 협동관계를 맺으며, 나아가 사회봉사적 활동도 하게 된다. 이런 가운데서 특히 학생들과 혈연관계에 있는 부모들이나 학교에 전임으로 봉사하는 교사 및 직원들과 달리, 시간적으로 근무하는 강사들에 대한 훈련이 소홀해지지 않도록 해야 한다. 기독교 공동체의 위기는 때로 공동체의식이 철저하지 못한 부분에서 야기될 수도 있기 때문이다.

이상의 모든 커리큘럼은 시간을 배정하는 데서 동일할 수가 없다. 대안학교는 대안적 성격의 교육이긴 하지만, 교육과정이 대학의 진학과 결부되는 과정으로 설정될 경우에는 기존의 일반학교들에서 하는 교육과정을 완전히 도외시하는 것은 바람직하지 않을 수 있다. 따라서 통상교육과정을 80퍼센트로 배정하고, 예배 및 성경교육과정을 5퍼센트, 전인교육과정을 5퍼센트, 특화교육과정을 5퍼센트, 자율학습과정을 5퍼센트로 하는 것이 기본적으로 원만한 배정으로 보인다. 하지만 학교의 교육철학에 따라 비율조정은 얼마든지 가능한 일이다. 그리고 이 중에서도 예배 및 성경 교육과정과 전인교육과정이 중요하지만, 각 교회와 가정에서 추가적인 훈련이 있으므로 기독교 학교에서는 양보다 질의 강화를 도모하는 것이 좋다.

이상의 내용으로 볼 때, 기독교 대안학교도 주지적인 성격이 강화되는 것처럼 보인다. 그러나 그것은 공교육을 모방해서가 아니라 교육이란 본질상 배우는 것이고, 배우는 것은 애당초 지성적 영역의 문제이기 때문이다. 특히 오늘날 우리가 살고 있는 사회는 그 어느 때보다도 지식사회로서의 성격이 강하다는 것을 염두에 두어야만 한다. 이러한 지식사회에서 기독교인들이 지도자로서의 역할을 감당하기 위해서는 지적 훈련이 간과되어서는 안 될 것이다.

주지적 성격의 통상교과교육에 시간을 많이 할애한 것은 이러한 문제 외에도 지적 교육을 성취하는 데는 많은 시간이 요구되기 때문이기도 하다. 학습에는 다양한 방법들이 있겠지만, 아무리 좋은 학습방법을 사용하더라도 작금의 학문들을 하는 데는 많은 시간들이 요구된다. 이와 달리 신앙교육과 인성교육은 시간을 많이 할애한다고 해서 반드시 효과적이라고 보기 어렵다. 더군다나 교육의 양보다는 교육의 질이 중요하기 때문에 집중적이면서 효과 있는 교육과 훈련이 더 요구된다고 할 수 있다.

또한 흔히 대안교육에서 선호되는 자연중심적인 교육은 문화의 세계와 동떨어진 도피적인 삶의 태도를 심어주거나 현실에 적응하는 데 난점을 야기할 가능성이 있기 때문에, 지나친 문화분리적이고 자연중심적인 교육을 마냥 이상적인 교육이라고 고집하지는 않아야 할 것이다. 더군다나 이런 교육의 배후에는 자연중심적인 세계관이 놓여 있는 경우가 많다. 물론 반대로 지나친 문화친화적인 교육 역시 대안교육이 지닌 고유한 목적을 성취시키는 데 어려움을 제공할 뿐 아니라 학생들에게서 영적인 분리의식마저도 불투명하게 할 수 있기 때문에, 바람직한 교육이라고 할 수 없다. 그것의 배후에는 현실주의의 음모가 도사릴 수도 있다.

그러므로 기독교 대안교육과 커리큘럼은 어떤 경우에도 도피주의 逃避主義와 현실주의現實主義의 늪에 빠지지 않아야 하며, 어떤 종류의 환원주의還元主義, reductionism에도 빠지지 않아야 할 것이다. 기독교 교육은 그 기본에서 성경적인 교육을 철저히 수행하는 한편, 여타의 교육에 과도하게 집중되지 않도록 절제하면서 균형을 잡는 것이 필요하다.

제8장

기독교 대안학교의
교육, 학교, 교사

1. 성경적 교육관

1) 교육은 지상세계를 경영하시는 하나님의 섭리의 한 방편으로서, 하
   나님께서 부여하신 권위와 소명을 지닌 고유한 영역이며, 가르침과
   배움이라는 활동적인 정체성을 지닌다.

　　사람은 생래적으로 식자識者로 태어나는 것이 아니라 배움을 통하
여 하나님과 인간, 그리고 세상에 관한 진리를 알아가고 또 실재의 각
영역에 관한 원리들을 알아가는 것이다. 따라서 "인간은 가히 교육을
통하여 인간으로서의 기능을 하게 된다, 또는 인간이 된다."라고 해도
과언이 아니다.

　　교육은 결혼이나 노동처럼 협의적 내지 본래적 의미에서의 창조
질서Schöpfungsordnung에 속하는 것은 아닐지 몰라도, 광의적 의미에서

는 이미 노동에 속하고, 또 나아가 문화명령에 해당된다고 할 수 있다. 그리고 일반적으로는 창조질서가 아닌 역사질서Geschichtsordnung 와 섭리질서의 하나로서 인간이 하나님의 형상으로 그 사명을 다하고 만물의 영장으로서 역할을 제대로 수행하는 데 없어서는 안 되는 필수 불가결한 활동이다. 다시 말해, 인간은 교육을 통하여 하나님께서 부여하신 은사와 소질들을 계발하고, 또 생의 소명을 수행할 수 있는 것이다.

2) 교육은 본질상 일반은총에 속한 하나의 활동영역이지만, 예수 그리스도와 그분의 복음으로 초대한다는 점에서, 또한 신자가 구원받은 자로서 그 인격과 삶을 위해서는 이 배움의 과정이 불가피하다는 점에서 기독교적인 교육은 특별은총적인 성격도 지닌다.

　교육은 가정이나 교회, 그리고 여러 단체들과 같은 영역에서도 시행되지만, 지, 정, 의와 같은 인격적 자질과 각종 은사들을 함양하며 또한 그것들을 펼치기 위해서는, 나아가 다양한 지식을 획득하고 갖가지 기능을 습득하기 위해서는, 특히 오늘날과 같은 복잡한 산업정보화 사회에서 바른 통찰력을 지니기 위해서는 교육만을 위한 독특한 영역인 학교라는 장場이 반드시 필요하다.

2. 성경적 학교관

1) 학교는 본질상 그 기초와 구조, 목적, 방향, 연구 및 교육내용에서 종교적이다.

인간의 삶의 모든 측면은 하나님을 섬기는 것이거나 아니면 대체물인 우상을 숭배하는 것이므로 학교와 그 안에서 이뤄지는 교육도 궁극적으로는 하나님을 향하거나 아니면 우상을 향하는 것이다. 다시 말해, 학교는 결코 영적인 중립지대, 아디아포라*adiaphora, 가치중립*의 영역이 아니다. 오늘날 일반학교들에서는 경험과학의 형이상학적 유추와 합리성의 절대화, 지식 중심적 또는 진학 중심적인 교육, 인격교육의 부재, 극단적 개인주의와 세속적 인본주의, 배금사상과 출세지향적인 의식, 세속적 유행문화 등이 중립성의 원칙이라는 미명하에 교육과정과 학교생활 전반에 만연해 있다.

2) 하나님의 자녀들이 외면적으로만 중립성의 원칙을 표방하는 공교육의 학교에서 교육받는 것은 이상적인 것이 아니다.

비기독교적인 세속학교에 가는 경우 학생들이 영적인 측면에서 직, 간접적으로 부지불식간에 받는 세속적인 영향으로부터 치유되고 해방되기 위해서는 교회교육과 신앙적인 가정교육이 확보되어야 한다. 하나님의 자녀는 하나님의 방식으로 양육되고 교육받아야 한다. 따라서 가장 이상적인 것은 하나님의 자녀들에게 소위 가치중립적인 공교육이 아니라 성경적이고 기독교적인 교육을 실시하는 것이다. 그리고 그들을 기독교적으로 교육하려면 기독교 학교가 있어야 한다. 이 학교는 뜻있는 개인들이나 기관, 또는 교회들이 중심이 된 기독교 교육공동체에 의해 설립되고 유지되어야 한다.

기독교 대안학교의 학생들은 이미 예수 그리스도를 공적으로 고백하고 복음 안에 있는 자들이 되어야 한다. 혹 학교의 교육이념에 따라 선교를 목적으로 불신학생들을 받아들이는 것도 의미가 있을 수는 있지만, 이러한 학교는 '미션계 학교'이지 진정한 의미에서 '기독교 학교'라고 말하기는 어렵다. 진정한 의미에서의 '기독교 학교'의 일차적인 목적은 '선교'에 있는 것이 아니라, '하나님의 자녀에 대한 성경적인 교육과 훈련'에 있기 때문이다. 물론 기독교 학교에서도 명목상 그리스도인 학생들을 중생된 그리스도인들로 변화시키는 교육을 한다는 점에서는 미션적 성격[1]을 지닌다. 뿐만 아니라 온전한 기독교 학교의 필요성을 강조하더라도 불신학생들의 신자화를 위한 미션계 학교의 운영도 매우 필요하다는 것을 간과하지 말아야 한다.

그럼에도 불구하고 원칙적으로 기독교인과 기독교 공동체는 예수 그리스도의 주되심을 고백하지 않는 지상의 다른 기관이나 영역을 수용하거나 내적으로 공조하기 어렵다. 교육과 학교의 주인은 주님이시다. 이러한 교육적 신앙고백이야말로 기독교 학교의 기초가 된다.

---

1. 독일 기독교에서는 명목상의 신자를 진정한 그리스도인으로 변화시키는 노력을 내적 선교(innere Mission)라 한다. 그것과 달리 일반인들에게 복음을 전하는 것을 외적 선교(äußere Mission)라 칭하는데, 이 두 가지 측면의 선교를 추진하는 대표적인 단체는 노이엔델텔사우(Neuendettelsau)에 있는 "내적, 외적 선교협회(Gesellschaft für Innere und Äußere Mission)"로서, 이는 1849년 루터파 목사 빌헬름 뢰에(Wilhelm Löhe, 1808-1872)에 의해 세워졌다.

3) 기독교 학교는 신앙공동체이면서 교육공동체이다.

기독교 학교의 기본성격을 규정짓는 이 두 가지 요소에서 신앙은 뿌리와 열매에 해당하고, 교육은 줄기와 잎사귀에 해당한다. 기독교 학교는 철저히 하나님의 말씀과 성경적 신앙에 근거하여 학생들을 훈련시키고 교육함으로써, 궁극적으로 교육을 통해 신앙적인 열매를 맺게 하는 곳이다. 만일 어떤 명목상 기독교 대안학교가 철저한 성경적 기초를 가지지 못하거나 기독교적으로 철저히 훈련시키지 않는다면, 그 학교의 정체성은 이미 상실되었든지 아니면 상실의 과정을 밟아가는 것으로 봐야 한다. 이와 반대로 학교가 신앙적 훈련을 이유로 교육을 등한시하는 것도 같은 문제가 된다.

그러므로 기독교 학교는 중세 베네딕트Benedict 수도회의 표어인 "일하고 기도하라ora et labora"를 늘 명심해야 한다. 기독교 학교는 신앙과 학문, 경건성과 학습열이 조화를 이루고 균형 있게 강조되어야 한다. 즉, 공부하는 것이 곧 예배인 것이다. 뿐만 아니라 예배와 기도, 그리고 신앙고백은 삶으로 전화轉化되고 생활화되어야만 한다. 다시 말해, "기도하는 것은 일하는 것이요, 일하는 것은 기도하는 것Orare est laborare, et laborare est orare"이 되어야 한다.

그렇지 않고 신앙과 학문, 그리고 교육이 상호 갈등하거나 대립하고 분리된다면, 그 기독교 대안학교는 존립목적을 이미 잃었다고 봐야 한다. 기독교 대안학교가 정체성과 목적을 잃고 세속적으로 생존만 연명하는 것은 학생들에 대한 모독이요, 교육적 소명에 대한 모독이며, 궁극적으로 그 소명을 주신 하나님께 대한 모독이다.

4) 공교육과 독립하여 기독교 대안교육을 실시하는 학교는 두 가지 점에 유의해야 한다.

하나는 성경적인 교육신조에 따라 학교의 교육과정과 교육활동 등의 모든 운영이 철저히 성경적이 되도록 하는 본질에 대한 충실성을 확보하는 것이다. 그리고 다른 하나는 학교는 물론 배우는 학생들이 영적으로는 세상과 분리되어 있지만 삶의 공간성과 소명의 장場이라는 측면에서는 세상으로부터 분리될 수 없다는 점을 인식하고, 이러한 인식 위에서 대안학교 학생들을 공교육기관에서 배우는 교육과정과 일반 청소년들의 삶의 방식과 문화로부터 완전히 격리하지 않으면서 오히려 그것을 비판적으로 수용하고, 나아가 그것에 대처할 수 있는 신앙적 주체성과 비판역량을 함양할 수 있도록 교육하는 것이다.

기독교 대안학교를 운영하는 모든 관계자들이 인식해야 하는 것은 영적인 분리가 당대나 또래집단의 건전한 문화로부터 완전히 고립되는 것을 자초하지 않게 해야 한다는 것과 또 그로 인해 좋은 교육의 결실들이 막상 현실에서 영향력을 발휘하지 못하거나 무기력한 결과를 초래하지 않게 해야 한다는 것이다. 물론 그것에 앞서 성경적인 교육을 철저히 수행하는 과제가 보다 우선적이다. 다시 말해, 기독교 학교는 운영상의 효율성이나 결과적 명성이 중요한 것이 아니라 성경적 교육을 행하고자 하는 교육정신과 교육신조가 훨씬 더 중요한 것이다.

이런 교육적 소명을 잘 감당하는 학교는 기독교인들에게, "하나님 께서는 아버지이시고, 교회는 어머니mater ecclesia이다."라는 중세신학의 논리를 빌려서 말해보자면, 교회 및 가정과 함께 어머니의 역할을 하는 셈이다.

3. 성경적 교사관

1) 기독교 학교의 교사들은 학교라는 고유한 영역에서 하나님께로부터 가르침의 권위를 위임받았다.

그것은 가정에서의 부모의 권위와 교회에서의 목회자의 권위와 유사하다. 따라서 교사의 권위는 누구에게서든 인정받고 존중받아야 한다. 특히 학교는 교사를 단순한 피고용인이 아니라 이런 교육에서 신적으로 위임받은 본질적 권위의 소지자로 인정해 주어야 한다.

교사의 입장에서는 무엇보다 먼저 권위를 주신 하나님의 말씀과 뜻에 일치되게 권위를 사용해야 하는 한편, 그를 임명한 학교의 행정책임자와 상급기관에 협력하고 순응해야 한다. 학생들과의 관계에서는 교육이라는 측면에서 고유한 권위를 지니지만, 학교행정이라는 측면에서는 또 다른 권위인 임용자나 상급책임자의 권위를 인정하고 존중해야 하기 때문이다. 학교는 하나의 기관이지만 이런 의미에서 교육적 권위와 행정적 권위라는 두 가지 권위를 지닌다고 하겠다. 즉, "인간의 모든 제도를 주를 위하여 순종"벧전2:13, 롬13:1ff.해야 한다.

또한 그 권위에 "주 안에서"엡6:1 순종해야 한다. 여기서 '주 안에서'라는 제한은 교사가 학생들에게, 학교집행부가 교사에게 '주의 뜻'과 다르게 부정과 불의를 요구할 때에 이의를 제기할 수 있는 논거를 제공한다. 따라서 권위의 사용이나 권위에의 복종은 모두 권위를 주시고 권위에의 순복을 명령하신 최종적인 권위자이신 하나님의 뜻에 합당하게 나타나야 한다.

2) 교사에게는 기본적으로 두 가지의 자질이 요구되는데, 첫째는 영적 및 인격적 자질이요, 둘째는 학문적 및 교육적 자질이다.

기독교 교육에서 중생의 교육 내지 신자화 교육이 우선이라면, 학생들을 가르치는 교사가 먼저 중생된 자로서 참 신자가 되어야 할 뿐 아니라, 나아가 바른 교리와 개혁주의 신학의 기본을 알고 그것을 표방할 수 있어야 한다. 다시 말해, 학생들에게 성경적 세계관과 예수님을 닮은 인격적 훈련을 시키기 위해서는 교사들이 먼저 성경적으로 세상과 자신의 삶을 바라보는 변화된 관점과 삶의 방식을 지녀야 하며, 인격적으로 원만하면서 성숙한 모습을 지녀야 한다. 즉, 교사들은 깊은 경건성과 고도의 인격을 지녀야 하는 것이다.

한편, 교사들은 자신의 전공분야에 탁월한 지식으로 준비되어야 한다. 교사들이 지적 전쟁에서 뒤떨어진다면, 결코 그 분야에서 선도적인 교육을 시키기 어려울 것이고, 그러면 학생들과 부모들, 학교 내부에서 그들에 대한 만족도와 대외적인 신뢰도가 떨어질 것이다. 아니 다른 무엇보다 우리 하나님께서 기뻐하시지 않을 것이다.

또한 기독교 학교의 교사들은 자기 전공분야에서 성경적인 원리와 기독교 세계관 또는 철학 위에 그 학문을 정초시키고, 기독교적 학문을 개척해 나가는 창조적인 능력을 지녀야 한다. 말하자면, 그들은 이원론적 관점에서 학문을 연구하고 교육하는 것이 아니라 철저하게 성경적인 관점에서 학문을 수립하고 교육할 수 있어야 한다는 것이다. 이런 측면에서 기독교 대안학교의 교사들은 단순히 기독교인이면서 교사christian and teacher인 것이 아니라, 기독교인 교사christian teacher가 되어야만 한다.

마지막으로 기독교 대안학교의 교사들이 자신의 학문분야 외에 추가적인 전문분야를 한두 가지씩 더 계발하는 것은 장려할 만하다. 그것이 신앙 훈련분야이든 아니면 다른 전문분야이든 무엇이든지 괜찮다. 즉, 복수전공double majors이 필요하다는 것이다. 다른 한두 가지 분야를 계발하기 위해서 교사 스스로가 노력해야 하지만, 학교도 이를 직, 간접적으로 지원해야 한다.

3) 교사에게 요구되는 세 번째 자질은 교사로서의 교육적 열정과 소명의식이다.

모든 일에 종사하는 일반적인 태도도 그렇겠지만, 특히 교사는 자신이 '가르치는 자'라는 자기 정체성을 강하게 의식해야 하고, 학생들을 가르치는 일을 사랑하고, 또 그 일에 열정을 지녀야 한다. 이런 열정은 자신의 과제가 '만인제사장직萬人祭司長職'이라는 종교개혁자들의 가르침대로 하나님께 영광이 되는, 하나님께 부여받은 소명召命임을 의식할 때 더욱 분명하게 형성된다.

하나님께서 세상을 움직이시는 것은 사람을 통해서이다. 따라서 교사들이 학생들을 교육하는 것은 하나님의 일꾼을 길러내는 중차대한 과제라고 하겠다. 뿐만 아니라 교사들의 교육을 통하여 이 땅의 많은 청소년들이 삶의 의미를 찾고, 바른 인생관과 세계관을 가지고, 나아가 교회와 조국의 미래가 될 수 있다. 그러므로 교사들이 소명의식을 갖는 것은 매우 중요한 일이다. 열정과 소명을 지닌 교사들로부터 열정과 소명을 지닌 학생들이 배출되는 것이다. 즉, 교사들이야말로 학생들의 한계이며, 학교의 한계인 것이다.

그러면 이런 자질들을 구비한 교사들은 학생들과 어떤 관계를 맺으며, 어떤 교육을 실시하게 될까?

4) 교사는 학생들에게 신앙과 인격, 지식과 삶에서 하나의 좋은 모범과 모델이 된다.

학생들은 가정에서 부모들을, 교회에서 목회자를 본받듯이, 학교에서는 교사를 본받게 된다. 따라서 교사들이 모델이 되지 않으려고 해도 그들은 학교에서의 위상 때문에 어쩔 수 없이 학생들의 모델이 될 수밖에 없다. 그러므로 교사들은 항상 경건과 인격, 학문과 생활에서 모범된 모습을 보여야만 한다. 만일 그렇지 않는다면, 즉 교사들 자신이 먼저 변화되고 개선되지 않는다면, 교사들은 위선의 모습을 취하게 되고, 결국 학생들에게 좋지 않은 영향을 주게 될 것이다. 따라서 교사들은 늘 자신이 먼저 그리스도를 모델로 교육받아야 하고, 나아가 자신의 실력을 향상시키며 기독교적 삶의 방식을 실천하기 위해 지속적으로 훈련해야 한다.

하지만 다른 한편으로는 학교가 지나치게 모델로서의 교사만을 강조하는 것도 최선은 아니라고 할 수 있다. 왜냐하면 교사들은 부정적인 모습이나 분명한 한계들이 있고, 나아가 참다운 교육의 모델은 오직 예수 그리스도밖에 없으시기 때문이다. 더군다나 우리는 신앙과 인격에서 그리스도를 본받으려면 자기를 본받으라고전11:1, 빌3:17고 말한 사도 바울조차 따라갈 수 없는 이들인지 모른다. 따라서 교사들에게 진정한 모델로서의 교육을 요구하는 것은 과분한 과제가 될 수 있다. 왜냐하면 교사들이 진정한 모델로서의 교육을 수행하고자 한다면, 그들은 바울처럼 복음을 위해 자신의 생명까지도 기꺼이 버리는 '복음의 광인들'이 되어야 하는데, 오늘날 교사들에게는 이런 점에서 뚜렷한 한계가 있을 수밖에 없기 때문이다.

이렇게 실제로 모델로서의 교육을 너무 과도하게 주장할 경우, 우선 교사들이 학생들에게 이상적인 모델이 되기 어렵다는 점, 또 그로 말미암아 보다 완전한 예수 그리스도라는 모델을 바라보지 못하게 된다는 점, 나아가 모델로 인해 학생들의 개성과 창조성이 약해지면서 아류亞流가 되기 쉽다는 점, 마지막으로 학생들이 교사의 한계를 벗어날 수 없다는 점 등의 문제가 있을 수 있다. 그러므로 우리는 여기서 다시금 참된 교사는 예수 그리스도밖에 없다고 말한 아우구스티누스를 기억할 필요가 있다.

그러나, 앞에서도 말했듯이, 기독교 대안학교의 교사들은 어쩔 수 없이 학생들의 모델이 될 수밖에 없으므로 언제나 스스로 더욱 좋은 모델이 되기 위해서 노력해야 한다. 더군다나 그들은 학생들에게 모델이 될 뿐만 아니라 영적으로 그들을 가르치는 목회자요, 그들을 돌

보는 부모요, 그들의 고민을 함께 나누는 상담자요, 또한 그들과 대화하고 어울리는 파트너도 된다. 그만큼 교사들은 기독교 대안학교에서 매우 중요한 부분이다.

5) 기독교 교육에서는 개인이든, 교회든, 학교든, 교육 주체들의 사명감이 매우 중요하다.

교육의 주체인 교사들은 학생들의 영혼을 다루어야 하는 엄숙한 과제를 떠안는다. 사람이 아닌 생물이나 물건을 다루는 과학자들도 본인의 학문연구에 대한 자부심이 대단한데, 하물며 하나님께서 보실 때 천하보다 귀한 자들, 하나님의 형상으로 지음 받은 자들, 특히 예수 그리스도의 보혈로 구원받은 자녀들을 교육하는 일은 얼마나 더 중차대하며 감격스런 일이겠는가! 의사들은 인간의 육체나 정신의 질환문제를 다루는 데도 매우 신중하다. 그렇다면 인간의 영원한 문제인 인생 자체 또는 영혼의 문제를 다루는 일은 얼마나 더 중요할 지 가늠이 된다. 이러한 교육은 돈보다, 땅보다, 나라보다, 천하보다 더 중요하고 귀한 일이다. 특히 우리 주님께서 그분의 백성을 교육하도록 우리에게 위임하고 맡기신 일이 아니던가!

기독교 교육은 결국 그리스도의 몸을 세우고 하나님의 나라에 이바지하는 일이다. 올바른 교육의 신조 위에서 교사들의 헌신을 바탕으로 학생들을 키워내는 것은 교회를 이어가고 국가의 미래를 좌우하는 중요한 문제이다. 뿐만 아니라 그것은 궁극적으로 영원한 하나님의 나라를 위한 매우 중차대한 일이다. 교사들은 이와 같은 교육의 결실들을 땅위에서나 그들이 세상을 떠나는 순간 하나님의 나라에서 반드시 얻게 될 것이다. 물론 이는 교사들이 교육의 영역에서 예수 그리스도의 주권을 선포하고 인정할 때만 가능한 일이다.

제9장

기독교 대안학교의 학생

1. 성경적 학생관

1) 하나님의 형상으로서의 인간

　모든 인간은 나이나 성별, 피부, 인종, 생김새, 정신 등과 무관하게 하나님의 형상imago Dei으로 지음 받았다. 인간이 하나님의 형상으로 지음 받았다는 사실 위에서만 인간의 존귀함이 가능해진다. 돌이켜보면, 수천 년의 인류사상사에서 기독교만큼 인간의 존귀함을 부각시킨 종교나 철학은 없었다.

　물론 동양의 불교에도 생명존중사상이 있지만, 거기서는 모든 생명체들이 윤회하면서 그 업보에 따라 종種이 변화하므로 굳이 인간만이 존귀할 이유는 없는 것이다. 오히려 불교인들에게는 인간의 생명이나 풀벌레의 생명이나 본질적으로 같다. 유교에서도 인간의 소중함을 말하는 것 같지만, 사실 그것은 임금이나 군주, 어른들이나 남자들 중심으로 편향되어 있다. 더군다나 겉으로 드러나는 예禮를 너무 강조하다보니 관계적인 측면에서는 많은 주장들을 하고 있지만 인간본연의 세계까지 파고 들지는 못하였다. 또한 봉건사회를 충실히 반영하다보니 인간의 평등사상이 결여되어 있다. 이는 남녀 문제에 있어서 이슬람도 마찬가지이다.

한편 서양철학의 원조격인 플라톤과 아리스토텔레스도 철저한 헬라인 우월주의와 남성 우월주의를 표방하였다. 그들이 대변한 헬라인들의 사고에서는 헬라인hellenikoi이 아니면 모두 야만인babaroi이었고, 여성은 '덜 발달된 남자'였으며, 노예들은 '살아있는 기계'였다. 물론 구약의 유대인들도 자신들은 선민選民이지만, 다른 모든 종족들은 할례 받지 못한 '이방인'이라고 생각했다. 그리고 로마인들 역시 'humanus'인 로마시민과 그저 'homo'인 로마시민이 아닌 자들을 구분하였다.

비단 서양만이 아니라 동양에도 이러한 인종적, 민족적 우월주의가 있었다. 자칭 '천손天孫'이라고 주장하는 일본이나 '세상의 중앙'을 자처하는 한족漢族의 중국이 그러했다. 중국의 입장에서 보면, 우리 민족은 동쪽 변방의 오랑캐東夷, 동이였다. 그래서 자고로 자신들은 금색인 황색黃色을 쓰면서 우리 민족에게는 청색靑色을 쓰게 하였다. 그런 점에서 우리나라의 대통령 관저인 푸른 기와의 집, 곧 '청와대靑瓦臺'도 이러한 사대주의의 잔재 중 하나라 할 수 있다.

이와 같이 동서고금을 막론하고 이 세상의 어떤 종교나 철학, 민족도 기독교만큼 인간의 존엄성과 평등성을 강조하지는 못했다. 그러면 기독교가 그토록 인간의 존엄성을 드높일 수 있었던 이유는 무엇일까? 그것은 다름 아니라 인간의 본질에 대한 성경적인 이해, 곧 인간이 '하나님의 형상'이라는 이해에서 비롯된 것이다. 복음의 세계에서는 '헬라인이나 야만인이나hellenikoi kai barbaroi' 모두 구원받아야 할 사람들이며, 노예나 과부, 고아들도 하나님의 사랑과 은혜를 입을 형제요 자매였다. 이러한 기독교의 인간관은 오늘날 서구 민주주의의 초석이기도 하다. 민주주의는 인간의 기본권과 자유를 가장 기본적인 가치로 주창하는데, 이런 기본권과 자유는 다름 아닌 인간의 존엄성에서부터 파생되는 것이다.

따라서 교육의 대상인 아동들과 청소년들을 대할 때, 가장 먼저 인식해야할 점은 그들 모두가 존귀한 하나님의 형상이라는 것이다. 물론 그들에게서도 종종 아담의 형상, 죄의 형상, 그리고 세상의 형상 imago mundi이 나타난다. 하지만 그럼에도 불구하고 궁극적으로 그들의 본질이 존귀한 하나님의 형상임을 잊어서는 안 된다. 청소년들이 하나님의 형상으로서 자기 정체성을 인식할 수 있도록 교육의 현장에서 잘 가르칠 때, 그들은 자기를 긍정할 수 있을 것이다. 나아가 세상에서도 인간에 대한 압제와 학살, 인간의 비인간화와 물화物化, 자살과 퇴폐, 상대주의와 쾌락주의가 사라질 수 있을 것이다. 그러므로 하나님의 형상으로서의 인간이라는 바른 인간관을 교육하고 정립하는 길이야말로 오늘날 사회의 회복과 문명의 회복을 위한 중요한 걸음이될 것이다.

2) 기독학생의 삼중적 존재성

성경적 교리의 패러다임에 따르면, 인간은 창조-타락-구속의 차원에서 이해되어야 한다. 즉, 인간은 창조주 하나님께서 하나님의 형상으로 창조하셨지만, 사탄의 유혹 속에 자유의지를 오용하고 죄를 범한 아담의 후예로서 타락한 상태에 처했다가, 다시 하나님의 은혜로 말미암아 예수 그리스도의 십자가 안에서 구속을 받게 되었다는 것이다.

기독교 교육은 인간의 이러한 세 가지 과정에서 이미 구속받아 하나님의 자녀가 된 언약의 백성들을 주 대상으로 하든지, 아니면 적어도 복음의 세계에 들어와 있는 사람들을 대상으로 한다. 말하자면, 그들은 이제 죄와 사망의 법이 지배하는 타락의 영역에 있지 않고, 생명의 성령의 법롬8:2이 지배하는 구속의 영역에 있는 것이다. 이런 의미에서 기독학생들은 이미 거룩한 사람homo sanctor들이다. 그들은 공간적으로는 세상 사람들과 함께 있지만, 영적으로는 분리된 자들이다.

그러므로 우리는 그들을 먼저 하나님 나라의 백성들이요 하늘나라의 시민권을 지닌 자들로, 곧 우리와 함께 예수 그리스도를 머리로하는 한 지체요 믿음의 가족으로 인식해야 한다. 나아가 그들에게도동일하게 성령님께서 내주하시며 또한 살아 역사하신다는 것을 인정해야 한다.

다음으로, 기독학생들은 그럼에도 불구하고 여전히 죄성이 있는자homo peccator들이다. 그들은 이미 그리스도 안에서 구속받아 하나님 나라의 백성이 되었지만, 완전히 성화聖化되지는 못하고 여전히 죄의 잔성을 지니고 있다. 그들은, 고린도전서 15장 49절의 "우리가 흙에 속한 자의 형상을 입은 것 같이 또한 하늘에 속한 이의 형상을 입으리라"는 말씀과 같이, 하늘에 속한 자들이지만 동시에 흙에 속한 자들이요, '타락한 아담의 형상'창5:3을 지닌 자들이다. 비록 다시는 사망의 권세가 이들을 삼킬 수는 없을지라도, 땅위에서 이들은 여전히 죄의 진창길을 걷거나 흙탕물이 튀겨 그들에게 묻을 수도 있는 것이다.

말하자면, 그들은 우리와 같이 유혹에 연약한 자들이요 죄에 빠지기 쉬운 자들인 것이다. 더군다나 그들이 살아가는 세상은 그 어느 때보다도 강력한 유혹의 바다요, 욕망의 바다요, 죄의 바다이다. 따라서 그들은 죄를 극복하고 거룩함을 좇으며 경건에 이르는 연습을 해야한다. 기독교 학교에서도 이런 점을 감안하여 이들을 교육하고 훈련시킬 프로그램을 준비해야 한다. 이런 프로그램 가운데는 영적 대리전이 치러지고 있는 대중문화속에 숨어있는 죄성을 영적으로 식별하는 한편, 그것을 대처할 수 있는 지혜를 기르기 위한 강도 높은 훈련이 필요하다. 그리고 무엇보다 동성애 등과 같은 하나님의 말씀에 정면으로 위배되는 시대의 그릇된 흐름에 대해 소수인권을 운운하는 등의 시대정신의 논리에 휘둘리지 않도록 철저히 가르치고 훈련시켜야한다.

마지막으로, 기독학생들은 소명을 가진 자homo vocator들이다. 그들은 위에서 말한 거룩함과 죄성 사이에서 방황하기보다 그 시야를 높여서 인생의 존재의의를 찾을 수 있어야 한다. 앞에서도 언급했듯이, 기독교인은 이 땅에서 두 가지 국적을 지닌다. 하나는 '하늘의 국적'이요, 다른 하나는 '땅의 국적'이다. 우리가 하늘나라의 백성이 된 것은 하나님께서 우리에게 '은총으로 주신 신분'이다. 반면, 우리가 땅의 백성된 것은 그런 하늘국적의 은총을 입은 자답게 엄숙하고 뜻깊게 살도록 우리에게 주신 '소명으로서의 신분'이다. 따라서 이 땅의 모든 기독교인들에게는 하나님께서 땅위에서 수행하라고 주신 과제가 있으며, 기독교 대안학교는 기독학생들이 하나님께서 그들을 세상에 보내실 때 부여하신 그러한 인생의 과제를 찾도록 교육하고 준비시켜야 한다.

사람이 사는 것을 '일생—生'이라고 하는데, 이것은 우리의 생이 단 한번 뿐이라는 뜻이다. 한번 사는 생을 그저 그렇게 살 수는 없는 것이다. 더군다나 기독교 대안학교에 맡겨진 학생들을 의미없이 뜻없이 살게 해서는 안 되는 일이다. 따라서 기독교 대안학교는 교육을 통하여 청소년들이 소명의식을 함양할 수 있게 하고, 나아가 그 소명의 과제를 위해 잘 준비되어 하나님의 부르심에 따라 인생을 살아가도록 인도해야 할 것이다. 특히 무엇보다 그들로 하여금 자신만을 위해 살지 않고 하나님과 이웃을 위해 살아가도록 해야 한다. 그럼으로써 기독교 대안학교가 배출한 학생들이 땅위에서 아름다운 족적을 남기고 그것을 하나님의 나라에 열매로 가져갈 때, 하나님께서는 그것의 일부를 기독교 대안학교의 열매로 계산하실 것이다.

3) 청소년으로서 갖는 특수성

기독교 대안학교는 아동이나 청소년들에 대한 본질적인 이해와 함께 그들 세대의 특수성에 대한 안목도 가지고 있어야 한다. 나아가 이런 안목과 함께 청소년들의 의식과 문화를 최대한 이해하고 수용하는 자세 또한 필요하다.

청소년들이 처한 형편과 삶의 현장은 성인들의 세계보다 훨씬 더 만만치 않을 수도 있다. 그들은 대학입시에 대한 심리적이고 학습적인 부담감, 치열한 경쟁과 교우관계 등에서 받는 다양한 스트레스, 성적향상에 대한 부모와 교사의 직간접적인 기대감, 현대음악이나 스포츠 등의 대중문화를 향유하고 스마트폰을 사용함에 따른 시간의 부족과 정신의 혼란, 그리고 그들 세대가 갖는 근본적인 심리적 불안정성 등과 같은 전방위적인 문제점들에 노출되어 있다.

이 모든 것들을 청소년들이 감내하기란 쉬운 일이 아니다. 그래서 그들은 때로는 불안해하고 힘들어하며, 심지어는 좌절하여 공부를 포기하거나 학교를 그만두기까지 한다. 그리고 극단적인 경우에는 생을 포기하는 일까지 벌어지기도 한다. 이런 가운데서도 하나님의 자녀들은 구별된 삶을 살기 위해서 힘들고 어려운 환경을 헤쳐 나가면서 영적으로 갈등하며 투쟁하고 있다. 그들은 세속문화의 유혹을 이기고 말씀에 순종하면서 거룩하게 살고자 몸부림을 치기도 한다.

기독교 대안학교는 청소년들이 직면한 이런 문제들을 잘 인식하고 그들을 최대한 이해할 수 있어야 한다. 그러는 가운데 성경적 세계관을 그들의 상황과 현장에 맞게 풀어 가르침으로써 그들이 하나님의 자녀들로 바로 서고 온전히 자라도록 도와주어야 한다. 나아가 어떤 상황에서도 세상문화를 좇는 '시대의 자식들'로 살아가지 않고, '한 책의 백성'으로 살아갈 수 있도록 도와주어야 한다.

학생의 시기에는 아직 가치관이나 인생관이 완전히 확립되지 못한다. 따라서 이 시기에는 그들의 영혼을 누가 또는 무엇이 선점先占하느냐에 따라서 그들이 어떻게 변화되고 어떠한 인생을 살게 될지가 결정된다. 그렇기 때문에 기독교 대안학교는 그들에게 성경적 세계관을 적극 교육하고 훈련시킴으로써 그들이 세상을 성경적으로 바르게 봄은 물론, 나아가 이 시대의 흐름에 신앙적인 주체성을 가지고 대처해 나갈 수 있도록 해야 할 것이다.

한편, 이러한 영적 주체성은 세상을 보는 기독학생들의 관점만 변화시키는 것이 아니라, 문화비판에 대한 영적 통찰력 및 문화변혁에 대한 열정까지 그들에게 가져다준다. 그럼으로써 그들은 또래문화에서 도피하는 것이 아니라 그 문화의 변혁자로서의 사명을 실천하게 될 것이다.

사실 요즘 청소년들에게는 무엇이든 관심과 열정이 부족하다는 지적들이 심심찮게 나온다. 최근 이웃나라인 일본에서는 청소년들의 특징으로 '산무さんむ, 三無, 삼무'라는 말을 사용하는데, 곧 '무키료쿠むきりょく, 無氣力, 무기력', '무칸싱むかんしん, 無關心, 무관심', '무칸도오むかんどう, 無感動, 무감동'이다. 이것은 우리나라의 청소년들에게서도 어느 정도 공통적으로 나타나는 현상이다. 따라서 기독교 대안교육은 학생들에게 이런 부정적인 삶의 태도에 물들지 않고, 자신의 삶은 물론 조국과 하나님의 나라에 대한 관심과 열정을 지니도록 해야 할 것이다.

실로 기독교 대안교육은 청소년들에게 학습에 대한 관심, 하나님의 말씀에 대한 열정, 세상을 이기는 거룩한 능력을 배양시켜주는 일에 노력해야 한다. 다시 말해, 청소년들의 의식과 삶, 그들의 인격형성과 미래계획에 대중매체보다 하나님의 말씀과 성령의 능력이 더 결정적인 영향을 주도록 잘 지도하고 훈련해야 한다는 것이다.

물론 여기서 한 가지 간과하지 말아야 할 것은, 앞에서 언급한 바처럼, 학교가 청소년들이 세상문화로부터 어느 정도 단절되도록 해주는 것은 중요하긴 하지만, 지나치게 단절되도록 유도하는 것은 그들이 추후에 세상 가운데서 하나님의 정병精兵으로 사는 것을 힘들게 할수도 있다는 점이다. 특히 타율적 분리가 강하게 되면, 자율적 분리의힘이 배양되기 어려울 수도 있다.

이런 부분은 집에서 등교하는 경우나 도시형 대안학교에서는 비교적 문제가 덜할 수 있지만, 기숙사형이고 자연형인 대안학교들에서는 특히 유념해야 할 문제이다. 왜냐하면 도시형 학교들은 문화의 세계와 공간적으로 완전히 떼어놓을 수 없지만, 자연형 대안학교들은 이미 대중문화와 공간적으로 분리되어 있기 때문이다. 말하자면, 공간적으로 분리하는 훈련보다 문화 속에 살면서 그 문화를 이기고 대처해가는 힘을 배양시키고 삶의 방식을 훈련시키는 것이 더욱 필요하다는 것이다.

2. 기독학생의 자세

1) 하나님의 교육적 주권에 대한 인정

기독교 대안학교의 학생들은 무엇보다 먼저 하나님께서 자신을 이 학교로 인도하셨다는, 즉 학교의 선택과 관련해서 하나님의 인도를 고백하고 인정해야 한다. 이것은 그들의 부모나 가족들에게도 동일한 고백이 되어야 한다. 그리고 학교에서 가르치는 사람들과 행정을 맡은 사람들이 지닌 교육적 또는 행정적 권위를 인정하고, 그들의 가르침에 관해 '주 안에서' 순복해야 한다. 다시 말해, 학교에서 제시하는 여러 가지 교육과 훈련과정에 적극적으로 참여해야 한다.

또한 이러한 수직적인 관계만이 아니라 수평적인 관계에 관해서도 올바르게 정립하는 것이 필요하다. 즉, 학생들은 동료 학생들과 그리스도 안에서 '거룩한 형제요 자매'히3:1이며, 한 지체임을 인식하고 그렇게 대할 수 있어야 한다. 동료들과 원만한 관계를 형성하는 것은 우선 본인의 학교생활을 평화롭고 원만하게 하는 것이며, 궁극적으로는 세상을 화목하게 하는 것이요, 하나님의 교회를 화평케 하는 것이 된다. 이러한 원만한 관계는 자신과의 다름에 대해 깊이 이해하고 적극적으로 관심을 가지며, 나아가 항상 협력하는 자세와 도움을 실천함으로써 형성되는 것이다.

2) 중생과 학생으로서의 과제

기독교 대안학교에서 학생들은 교사들과 마찬가지로 무엇보다 먼저 중생된 참 신자들이 되도록 노력해야 한다. 아직도 예수 그리스도를 인격적으로 영접하지 못한 학생들은 예수님을 영접해야 하고, 여전히 죄의 문제를 청산하지 못한 학생들은 자신의 죄의 문제를 심각하게 고려하여 회개하고 변화된 삶을 살도록 해야 한다. 그럼으로써 언제나 먼저 자신의 영적 변화를 열망하며, 성령으로 충만한 삶을 지향해야 한다. 뿐만 아니라 성경이 제시하는 기독교 세계관, 인생관, 가치관을 배우며, 나아가 그리스도를 닮은 인격을 함양하기 위해 노력해야 한다. 물론 학문적 성취가 탁월하도록 배움에도 매진해야 한다.

기독교 대안학교들은 교육신조와 방향에 따라 학생선발을 달리할 수 있으나, 특수한 목적이 없는 경우에는 가능한 유사한 신앙색채와 비슷한 학력수준의 학생들을 선발하는 것이 학교의 영적 분위기와 학습효과를 위해서 좋은 것일 수 있다. 그럴 경우 학생들 간에 조화를 이루거나 위화감을 해소하는 데도 용이할 수 있다. 학습수준의 경우에는 상향평준화나 하향평준화를 하든지 아니면 중간층으로 하든지 방향을 잡는 것이 중요하다. 학생들 간의 학습편차가 심하면 원만한 수평적 관계형성에 장애요인이 될 수도 있다. 물론 신앙의 색채가 다를 경우에는 보다 더 크고 근본적인 문제가 발생할 수도 있을 것이다.

따라서 기독교 교육운동 전반을 두고 볼 때, 기독교 대안학교들은 이념들을 공유하면서 다양한 학습계층을 대상으로 하며, 다양한 교육방식들을 시행하는, 다양한 학교들을 세우는 것이 그러한 수요에 부응하는 일이 될 것이다. 은사의 다양함이 하나님의 나라를 온전히 이루듯이, 교육방식과 교육대상의 다양성이 미래의 하나님의 나라를 위한 온전한 차세대교육이 될 수 있을 것이다.

3) 학문의 수월성과 영적 분별력

기독교 대안학교의 학생들은 학문적 수월성을 갖추어야 한다. 모든 분야에서 최선을 다하고 그럼으로써 수월성을 갖추는 것은 하나님 앞에서 살아가는 모든 사람들의 공통적인 과제이다. 또한 기독교 대안학교에서 학생들 간에 선의의 경쟁을 하는 것은 부정적인 것이라기보다 오히려 학습의 성취를 크게 신장시킬 수 있을 뿐 아니라 자율성을 촉진할 수 있는 계기가 될 수도 있다. 물론 최선을 다했는데도 최상의 결과가 나오지 않을 경우도 있다. 그럴 때면 스스로를 질책하기보다 학습이나 공부의 방법론을 재고해 보는 것이 필요하다. 그리고 지혜가 부족하면 하나님께 지혜를 구하면 된다. 하나님께서는 우리에게 이렇게 말씀하셨다.

"너희 중에 누구든지 지혜가 부족하거든 모든 사람에게 후히 주시고 꾸짖지 아니하시는 하나님께 구하라 그리하면 주시리라 오직 믿음으로 구하고 조금도 의심하지 말라"약1:5-6

구약성경에서도 지혜를 구한 솔로몬에게 하나님께서는 "내 백성을 재판하기 위하여 지혜와 지식을 구하였으니 그러므로 내가 네게 지혜와 지식을 주고 부와 재물과 영광도 주리니"대하1:11-12라고 하셨다. 그러므로 하나님께 지혜와 지식을 구하면, 하나님께서는 지혜와 지식은 물론이거니와 다른 모든 좋은 것들까지 우리에게 주실 것이다. 더군다나 하나님께서 지혜를 주시면, 세상의 그 누구도 그를 능가할 수 없을 것이다.

다니엘서 1장에서 다니엘과 세 친구들은 바벨론에 끌려가 삼년 동안 왕립학교에서 공부하게 되었다. 그런데 삼년 과정의 수학을 마치고 왕이 종합 졸업시험을 치른 결과, "그 지혜와 총명이 온 나라 박수와 술객보다 십 배나 나은 줄을 아니라"단1:20라고 하였다. 여기서 '박수'란 오늘날의 자연과학자, '술객'은 인문학자라고 할 수 있다. 즉, 다니엘과 세 친구들은 동료학생들뿐만 아니라 어쩌면 당대의 학술원 회원이라 할 수 있는 바벨론의 최고 학자들과 비교해서도 그들보다 두배, 세 배도 아니고 열 배나 뛰어났던 것이다. 여기서 '10'은 완전수이기 때문에 '십 배가 낫다'라는 말은 아예 비교할 수 없을 정도로 탁월하다는 뜻이 된다.

불과 삼년의 교육으로, 그것도 모국어도 아니고 외국어로 배웠는데—물론 갈대아 방언을 짧은 기간 배우기는 했지만단1:4—, 어떻게 그런 일이 가능할 수 있었을까? 이는 오늘날로 치자면, 마치 우리가 영어로 전문지식에 관한 시험을 보는데, 하버드대학교와 옥스퍼드대학교의 학자들보다 열 배나 뛰어났다는 이야기가 되는데, 도대체 이것이 어떻게 가능했을까? 그 비밀은 다니엘서 1장 17절에 있다. 곧 "하나님이 이 네 소년에게 학문을 주시고 모든 서적을 깨닫게 하시고 지혜를 주셨"기 때문에 가능했다는 것이다. 말하자면, 하나님께서 그들에게 특별한 지혜와 지식을 주시기 위해서 특별과외를 시키셨다는 것이다. 이는 오늘날에도 하나님의 자녀들이 세상에서 학문적으로도 탁월한 두각을 나타낼 수 있는 분명한 성경적 근거가 된다.

그러나 성경의 가르침은 학문적 수월성만 가르치는 것이 아니다. 성경이 더 크게 주안점을 두는 것은 그들의 지식이 출중했다는 것이 아니라 그들이 분명한 영적 분별력을 지니고 있었다는 것이다. 즉, 다니엘과 그의 친구들, 하나냐와 미사엘과 아사랴는 그들이 배운 이교異敎 교육에도 불구하고 이방신을 섬기는 것과 하나님을 섬기는 것을 혼동하지 않았던 것이다. 바벨론 이름으로 창씨개명創氏改名까지 당한 그들이었지만, 그들은 하나님 앞에서 굳은 마음으로 이방신 제사에 쓰인 음식을 거절하고 그 신상神像에도 결코 절하지 않았다. 이와 같은 학문적 탁월성과 영적 식별력은 수천 년 전의 "새벽 이슬 같은 주의 청년들"시110:3에게만이 아니라, 이 시대에 속한 하나님의 어린 백성들에게도 성경적 교육을 통해 가감 없이 임할 수 있다.

4) 소명의식

학교교육을 받으면서 기독학생들은 자신의 공부와 미래를 위한 분명한 목표와 소명의식을 지닐 수 있어야 한다. 대학교 이전의 초, 중, 고등학교 교육에서 학생들은 전반적으로 타율적이고 수동적이다. 그들은 학교의 선택에서부터 부모나 목회자의 인도를 받고, 학교에 들어가서는 비록 자율학습이 있다 하더라도 대개 학교가 제시하는 교육과정에 따라 교육을 받으며 다양한 지도와 훈련을 받는다. 이러한 타율성과 수동성으로 말미암아 대부분의 학생들은 학교교육을 받으면서도 공부에 관한 분명한 목표의식이나 소명감을 갖추지 못하곤 한다.

하지만 기독교 대안학교들의 학생들은 학교에서 자기 인생의 비전을 찾고, 그 비전을 향해 준비할 수 있어야 한다. 물론 이 단계에서 인생의 비전이 최종적으로 확정되는 것은 아닐지라도 학교공부를 하면서 그들 스스로 하나님 앞에서 의미를 발견하고 뜻을 수립하는 것은 중요한 일이다. 나아가 그들은 하나님의 나라를 위해 자신의 인생을 어떻게 설계할지 기도하고 생각해야 한다. 그리고 이 과정에서 부모와 교사들의 조언과 인도를 받을 필요가 있다. 정리하자면, 기독학생들은 학교생활에서 자기 인생의 소명을 찾기 위해 노력해야 한다.

오늘날에는 기성인들은 물론 청소년들까지도 삶에 대한 무반성과 맹목성으로 하루하루를 살아가는 사람들이 많다. 이러한 맹목성은 그들의 삶에 쾌락주의와 허무주의를 가져다준다. 따라서 오늘날의 청소년들은 한편으로는 시대의 문화가 주는 재미와 즐거움을 향유하고, 다른 한편으로는 삶의 일상성과 무의미성에 권태와 허무를 느끼곤 한다. 하지만 기독학생들은 이러한 허무와 쾌락의 시대에서도 '빛나는 눈동자'를 지닌 자들이다. 그들은 하나님께서 주신 사명을 발견하고 그 사명감으로 공부하는 자들이다. 이를 위해서 그들은 먼저 학문의 진리와 인생의 진리를 배우고, 나아가 참다운 스승을 만나야 한다.

기독교 대안학교의 학생들은 학창시절에 세 가지 만남을 가져야 한다. 첫째는 진리와의 만남이고, 둘째는 참 스승과의 만남이며, 그리고 마지막 셋째는 소명과의 만남이다. 그런데 성경은 예수 그리스도야말로 "길이요, 진리요, 생명"요14:6이라고 했다. 그렇다. 예수님이야말로 참 스승이 되신다. 또한 예수님으로부터 참 소명이 주어지기에 예수님을 만나는 것이 모든 문제의 해결이 된다. 그러므로 청소년 시절에 예수님을 만나는 것 이상으로 더 중요한 것은 없다. 그것이야말로 인생 최대의 보화가 될 것이다.

Solus Christus! 오직 그리스도!

제10장

기독교 대안학교의 운영

1. 기독교 대안학교의 경영현실

1) 경영철학의 부재와 비성경적 경영방식

일반적으로 기독교 대안학교는 교육적 비전이 있는 교회나 개인이 시작하게 되는데, 이들은 대개 전문적인 학교경영의 원리를 숙지하지 못하고 있거나, 또는 아예 경영의 경험이 거의 전무한 경우가 많다. 즉, 교육에 관한 열정은 충분하지만, 학교라는 하나의 복잡한 조직을 이끌어가는 데 필요한 경영철학이나 운영의 노하우Know-how가 부족하다는 것이다. 그러다보니 많은 기독교 대안학교들이 학교로서의 체제를 갖추지 못하고 있거나, 아니면 설립한지 얼마 안 되어서 위기를 맞는 경우들이 종종 있다.

이와 달리 기업이나 학원, 또는 다른 이익공동체를 운영해 본 경험이 있는 사람들이 기독교 대안학교를 시작하는 경우도 있는데, 그들은 종종 비성경적인 경영방식을 도입하기도 한다. 즉, 그들 자신의 경영적 노하우를 살려 단기간에 학교를 정상궤도에 올려놓기 위해 일반 회사에서 사용하는 경영기법을 도입하는 것이다. 그런데 그런 경영방식을 도입하는 학교들에서는 종종 친족이나 측근 중심의 독점적 경영, 과도한 수적·양적 규모 증대, 과장된 광고 행태, 사적인 이윤 추구, 내실없는 교육 등 여러 가지 병폐들이 드러나게 된다. 더군다나 그런 경영자들은 지나친 자기 과신과 독선에 빠져 있기 십상이다.

이러한 학교들에서는 기독교 대안교육이 제대로 이뤄질 수도 없고, 학생들과 학부모들이 그러한 교육에 만족할 수도 없다. 결국 이러한 학교들은 성공하지 못하거나 오랫동안 지속할 수 없는 경우가 대부분이다. 이러한 학교들은 건전하게 기독교 대안교육을 수행하는 다른 학교들에게 악영향을 끼칠 뿐이며, 나아가 궁극적으로 하나님의 영광을 가리게 될 것이다.

2) 바르고 효율적인 경영의 필요성

세상의 다른 공동체도 그렇겠지만, 대안학교가 성공하기 위해서는 지혜롭고 선한 경영이 필요하다. 사실 이미 잘 정착되어 있는 공교육 기관에 비해 대안학교는 아직까지 좋은 모델들도 적고. 또 여전히 미답분야라서 많은 모험과 위험성이 따른다. 그렇기 때문에 대안학교를 세우기 위해서는 더더욱 지혜롭고도 효율적인 경영이 필요하다. 특히 대안학교를 세울 때 반드시 부딪히게 될 여러 가지 크고 작은 위기들을 잘 헤쳐갈 수 있는 위기관리능력이 반드시 필요하다. 따라서 학교의 운영진들은 적절한 위기관리능력과 경영능력을 함양하기 위해 노력해야 한다. 또한 그들은 지혜와 지식, 성실함과 타고난 지도력을 갖추어야 할 뿐만 아니라 원리와 이론을 실천에 옮길 수 있는 결단력 및 목표를 달성할 수 있는 추진력 같은 실행능력도 갖추어야 한다.

학교는 단기적 효과short-term effects를 위한 곳이 아니라 장기적 효과long-term effects를 위한 곳이므로 학교를 경영할 때는 장기적인 전략과 단기적인 전술을 모두 수립해야 하고, 그러한 계획이 잘 수행되도록 치밀하게 운영해야 한다. 직관적이면서 무계획적으로, 즉흥적이면서 임시방편적으로 학교를 경영해서는 안 될 것이다.

2. 성경적인 학교의 경영원리

오늘날에는 일반 경영학에서도 성경, 특히 예수님께로부터 경영원리를 배우려고 시도하곤 한다. 그럴진대 기독교 대안학교를 경영하고자 할 때는 더더욱 예수님의 사역과 가르침, 그리고 성경 전반에서 경영에 관한 기본원리들을 이끌어 내는 것이 당연하다고 하겠다. 그러면 성경은 경영에 관해서 어떠한 원리들을 가르칠까? 그에 관해서는 다음과 같이 일곱 가지로 정리할 수 있다.

1) 영적 경영

성경은 먼저 영적인 경영원리를 가르친다. 경영은 인간의 일인 것처럼 보이지만, 사실 하나님의 나라와 관련된 모든 과제는 하나님의 도움이 없이는, 즉 기도 없이는 불가능한 것이다. 그러므로 기독교 대안학교 경영의 제1의 원리는 기도이다.

또한 기독교 대안학교는 무엇보다 교목실을 중심으로 영적 리더십을 확보해야 한다. 학교의 운영진은 교목을 단순히 한 사람의 직원으로 이해하기보다 영적인 직무를 맡은 사역자로 간주할 필요가 있다. 그럼으로써 교목의 위상을 세워주고 그의 영적 권위를 존중해 주어야 한다. 그것이 결국 학교의 영적 경영에 중요한 토대를 이루게 될 것이다.

2) 윤리적 경영과 섬김의 경영

성경은 윤리적 경영과 섬김의 경영원리를 가르친다. 미국의 정치학자 프랜시스 후쿠야마Francis Fukuyama[1]는 1995년에 출간한 『신뢰 Trust: The Social Virtues and the Creation of Prosperity』1995라는 저서에서 탈정치화된 시대에는 경제가 국가의 중심 가치로 부상하고 이러한 경제에서 가장 중요한 원리는 신뢰라고 주장했다. 다시 말해, 그는 경제라는 영역에 윤리성을 부각시킨 것이었다. 그의 주장대로라면, 기업의 경영

---

1. 후쿠야마는 철학자이자 정치경제학자로서, 1989년에 공산권 세계가 무너지면서 역사는 자유민주주의의 승리로 끝났다고 주장하면서 1992년에 『역사의 종말The End of History and the Last Man』(한마음사, 1992)이라는 책을 출간하였다.

에서나 학교의 경영에서 효율적인 경영도 중요하겠지만, 그보다 윤리적 경영이 훨씬 더 중요하다고 말할 수 있다. 특히 예수 그리스도의 이름을 걸고 하는 모든 기독교적 경영에서는 윤리성이야말로 필수불가결한 요소이다.

그러나 예수님께서는 이러한 효율성과 윤리성을 넘어서는 '섬김의 리더십'을 강조하셨다. 그러므로 기독교적인 경영자라면 누구라도 결코 자만심과 교만으로, 또 독선의 방식으로 경영해서는 안 될 것이다. 그런 경영자는 실패할 수밖에 없다. 특히나 교육의 영역에서는 더더욱 그렇다. 기독교 경영자는 예수님처럼 늘 겸손의 자세와 섬기는 태도를 고수해야 한다. 이것이야말로 기독교 경영의 중요하고도 새로운 패러다임이다.

3) 미래지향적 경영

성경은 미래지향적 경영원리를 가르친다. 좋은 경영자는 늘 미래를 볼 줄 알고, 공동체를 그 미래로 이끌어 간다. 성경에서도 출애굽의 영도자들이었던 모세와 여호수아는 다른 지도자들이나 백성들이 보지 못하는 분명한 미래를 바라보았다. 미래를 바라보는 것은 기독교 신앙에서 가장 중요한 요소 중 하나이다. 왜냐하면 그것은 하나님의 약속과 비전을 바라보는 것이기 때문이다. 히브리서 기자는 믿음이란 '보이지 않는 것들을 보고', '장차 오는 일들을 바라보는 것'히11:1이라고 했다.

따라서 기독교 대안학교의 지도자는 시대의 변화를 읽을 줄 아는 눈이 있어야 하며, 장래를 바라보고 오늘을 준비하며, 장래에 하나님께서 이루시려는 목표를 지향하면서 학교를 운영해야 한다. 때로 교직원들과 학부모들이 보지 못하는 더 높은 비전과 더 고귀한 목적을 설정하고, 그곳으로 학교를 이끌어 가야 한다. 즉, 미래에 대한 통찰력으로 오늘의 변화를 이끌어 내야 한다. 물론 미래를 향한 목표가 지향하는 것은 어떤 사익추구나 명성획득이 아니라 단연코 하나님의 나라를 위한 유능하고 신실한 인재의 양성이 되어야 한다.

4) 비소유와 청렴의 경영

성경은 비소유와 청렴의 경영원리를 가르친다. 굳이 지난 세기 베스트셀러 중 하나였던 에리히 프롬Erich Fromm의 『소유냐 존재냐To have or to be』1976를 거론하지 않더라도, 오늘날은 그 어느 시대보다 가히 소유所有가 우상인 시대라고 부를 만하다. 사람들은 누구나 많은 소유, 갖가지 종류의 소유를 원한다. 그리고 그 소유의 확대를 위해 온갖 수단과 방법을 동원한다. 소유의 확대에 절대적인 가치를 부여하고는 모든 다른 가치들을 희생시킨다. 말하자면, 작금은 과히 소유환원주의 시대이다.

하지만 기독교 대안학교를 경영하는 사람들은 학교와 관련해서만큼은 무소유 또는 비소유의 원칙과 자세로 임해야 한다. 혹 학교를 설립할 당시에 본인이 결정적으로 기여한 부분이 있다고 하더라도, 그것은 하나님께 바친 것이라고 생각하면서 이 일에 빈 마음으로 시중들 수 있어야 한다. 어차피 대안학교를 경영하는 사람들은 땅위에서의 수확보다 하나님 나라에서의 열매를 바라봐야 한다. 소유에 대한 마음을 비우는 것이 학교발전에 도움이 되고, 또한 본인의 사역에도 보람과 기쁨이 있을 것이다.

물론 그렇다고 해서 학교를 설립할 당시에 설립자가 품었던 하나님 나라를 위한 교육적 이념과 선한 비전까지 포기하라는 말은 아니다. 오히려 그런 이념과 비전은 계속해서 펼쳐지고 계승되어야 한다. 만일 그렇지 않고 설립의 목적과 취지가 본래부터 순수하지 못한 부분이 있었다면, 뒤이어 학교운영을 계승하는 사람들이 보다 선한 경영을 위해서 학교의 변화를 도모해야 할 것이다. 뿐만 아니라 학교가 하나님 나라를 위한 차세대의 인재를 양성하는 데 가장 좋은 방식으로 운영되고 있는지 늘 반성하고 점검하면서 보다 나은 열매들을 얻을 수 있도록 변화를 추구해야 할 것이다.

다시 말하지만, 기독교 대안학교를 운영하는 경영자는 누구라도 자신의 이익보다 하나님의 관심을 우선적으로 고려해야 한다. 즉, 자기중심주의가 아니라 하나님중심주의로 경영해야 한다. 기독교 학교는 누가 설립하였든 간에 설립자가 아니라 하나님의 소유라는 점을 망각해서는 안 된다. 교회가 하나님의 소유이듯이, 기독교 학교도 하나님의 소유이다. 기독교 학교의 경영진들은 하나님의 뜻을 학교에서 잘 펼쳐야 하는 청지기일 뿐이다.

5) 조화와 개방성, 다양성의 경영

성경은 조화와 개방성, 다양성의 경영원리를 가르친다. 경영진은 최고 권위의 위치에 있기 때문에, 본인의 본래 의도나 마음과는 무관하게 때로 고압적, 독단적, 폐쇄적 또는 일방적 리더십을 지닌 것으로 비칠 경우가 있다. 따라서 기독교 학교의 경영진들은 특히 이러한 점들에 매우 유념하고 조심함으로써 기독교 교육공동체가 경영진에게서 이런 부정적인 인상을 받지 않도록 해야 한다. 이를 위해서 이사회나 경영자는 학교의 교육이념, 학교운영의 원칙과 방향, 그리고 전체적인 관리문제를 제외하고는 학생과 교사를 비롯해 교육관련 제반 권한을 실무진에게 위임하는 것이 좋다.

또한 경영자는 가장 가까운 동료나 아랫사람들을 잘 관리해야 한다. 만일 선하지 못한 것들을 생각하고 제안하는 조언자들이 있다면 단호하게 물리쳐야 하지만, 신앙이 깊고 지혜로운 제안들을 해주는 조언자들에게는 늘 열린 귀를 가져야 한다. '현대 경영학의 아버지'라고 칭하는 피터 드러커Peter Drucker는 훌륭한 경영자란 자신에게 찬성하고 동조하는 직원보다 반대하고 비판하는 직원의 말에 더 귀를 기울인다고 하였다. 마찬가지로 기독교 대안학교의 경영자는 교직원들의 비판적인 문제제기가 있을 경우 그것을 듣는 '열린 귀'를 가져야 한다. 설령 반대가 심한 경우에도 무조건 권위로 밀어붙이는 것이 아니라 온유하고 인내하는 자세로 그들을 설득하고 합의하는 길로 나아가야 한다. 다시 말하지만, 하나님의 진리는 변증법이 필요하지 않지만, 우리의 논리와 주장은 종종 반대와 이의제기를 통해 개선되고 발전될 수 있다.

다른 한편으로 경영자들은 자신들의 사소한 견해차와 대립의 노출이 의외로 전체 공동체의 화합을 깨뜨리는 결과를 낳을 수 있음을 항상 잘 인지하고 있어야 한다. 그렇기 때문에 경영자에게는 사고의 유연성과 개방성, 조화와 일치를 위한 노력, 자신의 한계와 역할에 대한 분명한 인식이 항상 요구되는 것이다.

6) 자기관리의 경영

성경은 자기관리의 경영원리를 가르친다. 좋은 경영자란 자기관리를 잘하는 자이다. 그는 다른 사람들과 집단을 경영하기 전에 먼저 자신을 부단히 성찰하고, 개선하며, 계발시키는 자이다. 왜냐하면 자기관리를 하지 않고 자기만족에 취한 경영자는 공동체의 혁신을 도모하기는커녕 공동체 앞에 제대로 된 비전조차 제시하지 못할 것이기 때문이다.

드러커에 따르면, 학교와 같은 곳에 종사하는 지식근로자들이 목표를 달성하기 위해서는 다섯 가지의 습관이 필수적인데, 그것은 첫째, 시간 관리법, 둘째, 공헌하는 방법, 셋째, 강점 최대 활용법, 넷째, 업무의 우선순위 결정법, 그리고 다섯째, 이를 바탕으로 목표달성을 위한 의사를 결정하는 방법이다. 드러커가 제시한 이러한 습관은 기독교 대안학교의 경영자가 지녀야 할 업무습관이기도 하다. 이런 식으로 철저하게 자기관리 또는 자기 경영을 할 때 비로소 학교를 올바르게 경영할 수 있을 것이다.

그러나 이러한 습관이나 삶의 변화에 앞서서 먼저 지도자로서 좋은 의식이나 관점을 지니는 것이 필요하다. 공동체의 밝은 미래는 지도자가 먼저 자신에게 있는 좋지 않은 의식을 변화시키는 것에서부터 시작된다. 버나드 쇼Bernard Shaw는 이렇게 말했다.

> "진보는 변화가 없이는 불가능한데, 자신의 생각을 바꿀 수 없는 사람들은 결코 어떤 것도 변화시킬 수 없다Progress is impossible without change, and those who cannot change their minds cannot change anything."

7) 하나님 만족의 경영

성경은 하나님 만족의 경영원리를 가르친다. 오늘날의 경영학 일반에서는 '고객만족경영'을 주창한다. 그런데 이 고객중심의 경영논리에는 실용주의, 상대주의, 그리고 성과주의와 같은 사상이 내재되어 있기 때문에 기독교 대안교육에서는 전면적으로 도입하기가 어렵다. 만일 어떤 기독교 대안학교가 '고객만족경영'만을 추구한다면, 그 학교는 소위 명문대학의 입학과 같은 성과주의적 관점을 도입할 수밖에 없게 될 것이다. 그럴 경우 그 학교는 본래 극복하고자 했던 입시위주의 교육으로 되돌아갈 위험성이 크다.

물론 기독교 대안학교도 자체의 교육이념을 위반하지 않는 범위 내에서는 어느 정도 수요자를 만족시키는 경영을 고려하지 않을 수 없다. 왜냐하면 그것이 학생들의 학습효과는 물론 학생들과 학부모들의 만족도를 높여주고, 그럼으로써 학습뿐만 아니라 학교의 제반활동에 학생들이나 학부모들이 기쁘게 참여하고 협력할 수 있도록 하기 때문이다. 하지만 그렇더라도 기독교 대안교육은 학교의 만족도나 학생 및 학부모의 만족도, 그리고 교회 및 사회의 만족도보다 하나님의 만족도를 중심으로 경영되어야 한다.

기독교 대안학교는 학생 자신과 가족을 위해, 또한 교회와 사회를 위해서도 존재하지만, 궁극적으로는 하나님을 위해 존재한다. 왜냐하면 기독교 대안학교는 하나님 나라의 인재를 키워내는 곳이고, 따라서 그것은 무엇보다 하나님께 인정받고, 하나님의 뜻을 이루고, 하나님의 인재를 양성하고, 그래서 궁극적으로 하나님의 영광을 목표로 해야 하는 곳이기 때문이다. 이런 점에서 기독교 대안학교의 모든 경영은 하나님께 초점을 맞추어야 한다. 하나님께서 외면하시는 교육, 하나님의 뜻에 부합하지 않는 학교는 하나님 앞에서 의미가 없고 무용지물이다. 즉, 기독교 대안학교는 하나님을 위해 존재하며, 그 다음에 학생들을 위해 존재하는 것이다.

2. 기독교 대안학교의 직원

기독교 대안학교의 직원들은 다른 기관의 근무자들보다 남다른 의식과 근무 자세를 지녀야 하는데, 이를 다음과 같이 일곱 가지의 덕목德目들로 정리할 수 있다.

첫째, 직원들은 먼저 직무를 수행할 수 있는 전문적인 능력을 지녀야 한다. 여기에는 문서작성이나 업무처리능력과 같은 일반적인 능력을 비롯해, 사무, 수업, 재정, 연구 등 자신이 담당한 분야에서 요구되는 특별한 자질들이 포함된다.

둘째, 직원들은 자신이 맡은 일을 공정하고 성실하게, 그리고 최선을 다해 수행해야 한다. 기독교 대안학교의 직원들은 "그리스도의 일꾼"이요, 성경은 "맡은 자들에게 구할 것은 충성이니라"고전4:1-2고 말하고 있다. 따라서 직원들은 방관자적 무사안일주의나 편의주의적 태도에서 벗어나 자신이 맡은 일에 성실해야 한다. 나아가 그때그때 발생하는 일들을 수습하는 수동적인 자세가 아니라 발생할 일들을 미리 예측하고 대비하는 능동적인 자세로 업무를 수행해야 한다.

셋째, 직원들은 자신의 자리와 직위의 위상을 지켜야 한다. 직원들 각자는 먼저 자기가 맡은 업무에 충실해야 한다. 그리고 하급자는 상급자에게 직무적인 순응과 예의를 지녀야 하며, 상급자는 하급자를 인격적으로 대하고 최대한 이해하려고 해야 한다. 나아가 모든 직원들은 학교에 대해 책임감이 있는 '내 집 의식'을 지녀야 한다.

넷째, 직원들은 학부모들과 학생들을 그리스도의 사랑 안에서 섬기며 친절한 태도로 대해야 한다. 학생들과 학부모들이 학교에 실망하거나 불만을 품게 되는 경우를 보면, 교사들이나 수업으로 말미암은 것도 있지만 직원들이 보이는 사무적인 냉냉함과 불친절로 말미암은 경우도 의외로 많다. 따라서 모든 직원들은 업무가 과중하고 힘들더라도, 교사들과 학생, 학부모들에게 가능한 친절하고 성실한 태도를 보이고 함께 공동체를 세워가는 자세로 업무에 종사해야 한다.

다섯째, 직원들은 자기 업무를 보다 효율적으로 수행하기 위해 자기 분야와 관련해 자발적으로 자기계발을 해야 하며, 또한 업무는 물론 학교 전반에 관해 창조적인 아이디어들을 내도록 노력해야 한다. 자기계발을 위해서는 방과 후의 시간이나 주말을 효과적으로 활용하는 것이 좋다.

여섯째, 직원들은 부서단위로, 또한 전체 직원들 간에 좋은 팀워크를 형성해야 한다. 아무리 개별적으로 탁월하여도 팀으로 일하는 정신과 태도가 없으면 업무의 효율성이 떨어질 수밖에 없다. 그러므로 모든 직원들은 협동심과 협업의식을 지녀야 한다.

마지막 일곱째, 직원들은 소명의식을 지녀야 한다. 루터와 칼빈을 위시한 종교개혁자들 이래로 모든 직업은 '하나님 앞에서 소명'이라는 만인제사장설이 주창되었다. 직원들이 이 일을 택한 것은 현실적으로 자기 자신이지만, 그 배후에서 역사하신 분은 하나님이시다. 하나님께서 그들을 이 자리에서 일하게 하신 것이다. 따라서 직원들은 이러한 소명의식을 가지고 자신의 직무에 헌신적인 태도와 자발적인 섬김으로 임해야 한다.

이상의 일곱 가지의 성경적인 덕목들을 가지고 기독교 대안학교의 직원들이 근무를 하게 된다면, 그들을 통하여 하나님께서 기대하고 기뻐하시는 귀한 교육의 열매들이 풍성하게 열리게 될 것이다.

제11장

기독교 대안학교의 학부모

1. 통전적 교육으로서의 기독교 대안교육

기독교 대안학교의 교육은 통전적統全的인 교육이어야 한다. 여기서 통전적 또는 통전성이라 함은 지, 정, 의를 모두 포함한 인격적 통전성은 물론이고, 학문과 실제, 교육과 삶의 현장 간의 통전성, 나아가 교육주체인 학교, 교회, 그리고 가정 간의 통전성까지 의미한다.

기독교 대안학교에 관한 논의에서 학생들을 교육하는 일차적인 주체는 아무래도 학교이다. 이는 학교에게 하나님께서 부여하신 교육적 영역주권의 문제이기도 하고 또한 책임과 소명의 과제이기도 하다. 따라서 학부모들은 자녀들을 홈스쿨링의 형태로 집에서 교육시키는 경우를 제외하고는 학교에게 자녀들의 교육을 위탁해야 한다.

그럼에도 불구하고 공교육과는 달리 소규모의 학생들을 대상으로

하면서 교육을 단순한 지적인 학습에 국한시키지 않고 전인교육 및 학문과 삶의 일치를 도모하고자 하는 기독교 대안교육에서는 학교와 가정간의 긴밀한 상호협력이 필요하다. 자녀들을 공교육 학교로 보내지 않고 대안학교로 보내는 것 자체가 이미 학부모들의 자녀교육에 대한 적극적인 관심과 참여의도를 반영하는 것이기 때문에, 여기서부터 학교교육에 대한 부모들의 협력가능성이 활짝 열려 있다고 하겠다.

따라서 이상적인 기독교 대안학교는, 예를 들어 독수리교육공동체가 표방하는 '가정과 함께 가는 학교'처럼, 학교와 가정이 자녀교육을 위해 상호간에 적극 협력하고, 자녀들의 학습과 신앙, 생활습관 등을 훈련하는 데 공동의 보조를 맞추는 것이 매우 중요하다. 이러한 상호협력을 위해서는 정례적으로 학부모교육 또는 학부모와의 만남을 유치함으로써 학교의 교육철학과 훈련 원리는 물론 학생들의 훈련에 대한 구체적인 협력방안 등을 공유하는 것이 필요하다.

2. 교육에서의 언약의 문제

구약의 유대인들은 소위 선민選民으로서 구원이나 축복과 관련해서 혈통을 강조했다. 그래서 그들은 이방인들을 통칭하여 '할례받지 못한 자'라고 경멸하면서 자신들의 자녀들과 후손들에게 선민의 표시로 할례割禮를 받게 하였다. 따라서 구약의 유대인들은 하나님께서 자신을 계시하신 대로 여호와를 언제나 '아브라함과 이삭과 야곱의 하나님'이라고 칭하면서 가계적이고 혈통적인 신관神觀을 지니게 되었던 것이다. 그런데 신약에 와서는, 물론 디모데의 경우에서처럼 여전히 혈통적인 가계도 중시되지만, 그보다 이방인들에게 구원이 전면적으로 열리게 됨으로써 믿음의 계보가 훨씬 더 중요시되는 변화를 볼 수 있다롬 4장, 히11장.

뿐만 아니라 신약에서는 분명히 "표면적 유대인이 유대인이 아니요 표면적 육신의 할례가 할례가 아니라, 오직 이면적 유대인이 유대인이며 할례는 마음에 할지니"롬2:28-29라고 말한다. 말하자면, "할례자도 믿음으로 말미암아 또한 무할례자도 믿음으로 말미암아 의롭다 하실 하나님은 한 분이시니라"롬3:30라고 가르치는 것이다. 그런데 사실은 구약에서도 구원은 오직 믿음으로 말미암았던 것이지, 율법을 준수하는 행위로 획득했던 것이거나, 혈통에 의해 자동적으로 물려받았던 것이 아니다. 아브라함과 이삭과 야곱은 '행위의 조상'이 아니라 '믿음의 조상'이었다. 그들 역시 행위로는 구원에 이르기가 불가능했던 것이다. 성경은 분명하게 "우리를 구원하시되 우리가 행한 바 의로운 행위로 말미암지 아니하고 오직 그의 긍휼하심을 따라 중생의 씻음과 성령의 새롭게 하심으로 하셨나니"딛3:5라고 가르친다.

따라서 성경에서 가르치는 언약言約이라는 것은 하나님께서 주권적으로 베푸시는 구원의 은혜를 의미하는 것이지, 혈통이나 가계로 내려가면서 자동적으로 주어지는 것이 결코 아니다. 이런 점에서 신자의 가정에 태어난 자녀들을 그 본래적 의미에서 '언약의 자손'이라고 칭하기는 어려운 것이다. 언약의 자손은 믿음의 후예들을 의미하는 것이지 혈통적인 후예들을 의미하는 것이 아니기 때문이다. 따라서 믿는 자의 집에서도 언약의 백성이 되지 못하는 자들이 생겨날 수 있고, 반대로 믿지 않는 자의 집에서도 언약의 백성이 나올 수 있는 것이다. 전자의 예는 구약시대 이삭의 집에 속한 에서의 후예들인 에돔 족속에서 볼 수 있고, 후자의 예는 이방 여인 라합의 경우에서 볼 수 있다.

그런데 만일 가계적이고 혈통적인 언약의 잣대를 들이댔다면, 이 땅의 기독교인들 중에서 어느 누가 언약의 자녀가 될 수 있었겠는가? 사실 지난 수세기 동안 남아프리카공화국에서 흑인들에 대한 인종차별정책Apartheid을 시행한 네덜란드계 사람들은 이러한 야만적인 정책에 관해 성경적이고 신학적인 근거를 확보하기 위하여 '언약의 자녀 children of the covenant'라는 개념을 도입했었다. 그들은 종교개혁자 칼빈의 가르침이나 정신과는 전혀 일치하지 않는 '개혁주의 신학'의 이름을 빙자해 흑인들에 대한 인종차별을 정당화하면서 자기들과 자기 자손들은 그들과 다른 '언약의 자손'이라고 주장했던 것이다. 이런 식으로 그들은 소위 변조된 선민의식을 지녔고, 그 결과로 흑인들을 짓밟으면서 자신들은 특별한 지위를 누리는 것을 당연시 했다.

그러나 이것은 "헬라인이나 야만인이나hellenikoi kai barbaroi", 백인이나 흑인이나, 누구든지 복음을 듣고 예수 그리스도께로 나오면 구원받는다고 가르치는 성경의 가르침과 완전히 상반되는 것이었다. 우리는 여기서 하나님의 뜻이 제국주의적인 착취 이데올로기와 정치화된 신학으로 변질되는 것을 보게 된다. 그러나 예수 그리스도의 복음은 언제 어디서든 인간을 차별하거나 구속하는 것이 아니라 자유케 하고 구원에 이르게 하는 것이다. 바른 신학이라는 것도 하나님의 뜻을 그대로 펼치는 것이어야 하지, 개인적이거나 집단적인 인간의 권력논리를 종교적인 언어로 포장하는 것이 되어서는 안 된다.

다시 말하지만, 신자의 가정에서 태어난 자녀들이라고 해서 자동적으로 '언약의 자녀'가 되는 것은 아니다. 오직 복음을 듣고 예수 그리스도를 믿어 하나님의 은혜로 그분의 자녀가 된 자들만이 '언약의 자녀'가 되는 것이다. 따라서 굳이 신자의 자녀들을 '언약의 자녀'라고 부르고자 한다면, 그것은—유아세례에 의미를 부여할 때와 마찬가지로—우리의 자녀들이 하나님의 말씀 가운데 양육되고, 하나님의 은혜 가운데 살고, 부모들의 믿음의 유산을 계승하도록 한다는 측면에서, 즉 우리 부모들이 그들을 '언약적인 관점에서' 양육하겠다는 측면에서만 유의미한 것이다. 말하자면, 우리의 자녀들은 '혈통적이고 가계적인 언약의 자녀들'이 아니라 '교육적인 언약의 자녀들'인 것이다.

나아가 기독교 대안학교가 교육하는 '언약의 자녀들'이라는 것은 본질적으로 '신자 가정의 혈통적인 자녀'가 아니라, 믿음의 가정에서 출생했든 아니면 불신의 가정에서 태어났든 당사자인 학생이 하나님의 자비로운 은혜 안에서 예수 그리스도를 영접하고 믿음으로 구원받아 '언약의 자녀'가 되는 경우를 말한다.

3. 학교교육에 대한 가정의 역할

앞에서 논의한 바처럼, 학교와 가정은 학생이면서 자녀인 공동의 교육대상이 있으므로 상호간에 긴밀히 협력해야 한다. 학교와 가정 간의 협력이 없이는 교육에서 이원화가 생기며, 이 이원화가 조화되지 못할 경우에 그 피해자는 학생들이 된다. 그러므로 학부모들은 자녀들을 공교육에 보내지 않고 기독교 사립학교나 대안학교에 보낼 경우, 학교를 선택하는 데 신중을 기해야 한다. 즉, 각 학교들이 지니는 다양한 특성들을 잘 살핀 후, 학부모 자신들이 생각하는 교육적 비전과 일치하는 학교를 선택해야 한다. 그리고 학교를 선택한 후에는 자녀교육에 관해 학교에 위탁하면서 학교의 교육이념과 교육활동, 그리고 학생들에 대한 협조사항이 있을 때 순응해야 한다.

하나님께서는 가정과 학교에 각각의 영역주권을 주셨다. 따라서 학부모들은 일단 자녀를 학교에 맡겼다면, 학교가 지니는 교육적 영역주권을 인정해야 한다. 이는 학교에 위임하신 하나님의 권위를 간접적으로 인정하는 것이기도 하다. 또한 어떤 경우에도 자녀들 앞에서 학교나 교사에 대한 불만이나 감정을 노출하지 말아야 한다. 그것은 자녀들로 하여금 학교나 교사를 신뢰하지 못하고 불만을 품게 함으로써 결국에는 자녀들에게 해가 되게 할 것이기 때문이다. 그보다 학부모들은 자녀들에게 학교와 교사들의 권위에 순복할 것을 가르쳐야 한다. 비록 부모의 입장에서 학교가 행하는 교육내용과 학습방법, 학생에 대한 평가가 부족하거나 문제가 있어 보이더라도, 학교를 신뢰하고 학교의 지도와 방침에 순응하는 것이 학교 및 자녀들에 대한 부모의 올바른 태도라고 할 것이다.

한편 학부모들은 가능한 학교가 행하는 학부모교육이나 간담회, 기타 부모초청행사에 적극적으로 참여해야 한다. 또한 자발적으로 학교에 관심을 가지고 다양한 지원을 아끼지 않아야 한다. 특히 기도로 지원하면서 재정적으로 후원하는 것이 중요하다. 사실 세상의 불의한 곳에는 재물이 넘쳐나지만, 하나님의 일을 하는 데는 늘 재정이 부족하기 일쑤이다. 그러므로 자신에게 재정적인 여유가 있고, 하나님께서 그 마음을 움직이신다면, 기독교 대안학교를 위해 기꺼이 헌금하는 것은 매우 의미 있고 보람된 일이라 하겠다. 그것은 비단 자신의 자녀를 위한 것일 뿐만 아니라 이 땅에서 하나님의 인재들을 지속적으로 양성하는 귀한 사역에 밑거름이 되는 것이기도 하다. 물론 이것에 앞서 학교를 위해 매일 기도로 후원하는 것이 무엇보다 중요하다. 기도할 때는 먼저 학교를 운영하는 분들과 교사들, 학생들, 그리고 학교의 성경적인 운영을 위해서 기도해야 한다. 하나님의 일은 기도 없이는 이뤄지기 어렵다.

이렇게 볼 때, 기독교 대안교육의 절반은 학부모들의 몫이라 할 수 있다. 따라서 학부모들이 자녀들을 학교에 보내기만 하고 정작 학교에는 아무런 관심도 없고 협력도 하지 않는다면, 또한 자녀들이 성경대로 배우고 양육 받는 것에 대한 열정이 없다면, 기독교 대안학교나 대안교육도 자녀들에게 진정한 대안이 될 수 없을지도 모른다.

제12장

세속적 대안학교와 기독교 대안학교

1. 대안학교의 여러 가지 형태

오늘날 우리 사회에서 대안교육과 대안학교는 과히 보편적인 현상이라고 해도 지나치지 않다. 흔히 대안학교의 이념은 존 듀이John Dewey의 글이나 1930년대 진보주의 교육이념과 결부되어 등장했다는 시각이 편만하지만, 사실 1960년대 후반까지 '대안학교alternative school'라는 개념은 미국사회에서 흔하지 않았다. 아마도 이것은 1930년대 후반부터 1965년까지 제2차 세계대전을 전후로 해서 사회적으로 혼란했기 때문인 것으로 보인다. 이 기간은 미국 전역에서 소위 기술인이나 기능인을 양산하는 데 중점을 둔 기능적functional 교육과 기계론적 세계관에 근거한 기계론적mechanistic 교육이 득세했었다. 그러다가 1960년대 중반에 접어들면서 공교육의 문제점들이 드러나면서 대안학교나 홈스쿨링 같은 개념들이 등장하기 시작한 것이다. 따라서 오늘날 미국과 같은 사회에서는 대안학교나 홈스쿨링이 거의 보편적인 현상이 되었다.

그리고 지난 20년 동안 우리나라에서도 대안교육의 열풍이 일어나 현재는 전국 곳곳에 많은 대안학교들이 산재해 있는 실정이다. 그런데 이러한 대안학교들을 우리 기독교의 입장에서 분류하자면, 크게 기독교적 대안학교christian alternative schools와 타종교적 내지 비종교적 일반 대안학교public alternative schools로 양분할 수 있다. 여기서 국내와 외국의 여러 대안교육기관들의 성격을 일괄적으로 설명하기는 어렵겠지만, 그 성격과 지향하는 바에 관해 각각의 장단점과 더불어 전반적인 특징을 정리해보자면 다음과 같다고 할 수 있다.

첫째, 대안학교들은 대부분 자연환경이 수려한 곳에 자리하면서 자연중심적이고 자연친화적인 교육을 실시하는데 반해, 어떤 학교들은 도심에 자리하면서 예술이나 문화중심적인 교육을 지향하기도 한다. 그런데 지나친 자연중심적인 교육은 문화와 현실로부터의 이탈을 조장할 수 있으며, 결과적으로 현실적응성이 약해지는 문제가 있는 반면, 문화중심적인 교육은 이미 공간적인 대안성이 약해져 있기 때문에 도회지 문화와 시대정신에 학생들을 그대로 노출시킬 수 있는 우려가 있다.

둘째, 대안학교들은 대부분 기존의 교사중심적인 공교육을 비판적으로 바라보기 때문에 자녀중심주의 또는 자녀의 자율성을 강조하는 경향이 강한데 반해, 일부의 학교들은 경우에 따라서 공교육보다 더

엄한 타율적인 교육을 실시하기도 한다. 학생들에게 자율성을 과다하게 부여할 경우에는 자칫 나태와 방종, 오류에 빠지게 할 수 있는 반면, 새로운 타율을 부과하였을 경우에는 교사중심적인 공교육에서처럼 학생들의 자율성이 신장되지 못한 채 정서적이고 심리적인 억압을 느끼게 할 수 있다.

셋째, 일부 대안학교들은 일반적인 공교육에 적응하지 못하는, 소위 문제가 있는 학생들을 치유하고 회복시키는 것을 목적으로 하는 특별한 유형도 있지만, 대개는 공교육에도 충분히 잘 적응할 수 있지만 지식중심이고 입시위주의 천편일률적인 교육을 받기보다 전인교육이나 기독교 교육 같은 특별한 교육을 받음으로써 보다 특별한 목적을 성취하도록 하려는 형태이다.

회복과 치유중심의 교육은 학습지진아나 성격장애 학생, 일탈적인 청소년을 그 상태에서 교정하고 치유할 목적으로 시행한다. 물론 이런 교육에도 특별한 의미가 있지만, 학교가 교육적인 역할보다 요양소적인 성격이 강하게 되고 그 결과 본래적인 의미에서의 학교개념이 약화된다. 이에 반해, 성취중심의 대안학교들은 현실적인 결과가 있기에 선호도는 높을 수 있지만, 공교육에서 노출된 지식중심의 교육, 진학중심의 형태를 고수할 뿐 아니라 이를 더욱 강화함으로써 근본적으로 대안교육의 목적과 정체성에 회의가 야기될 수 있다.

넷째, 대안학교들 중에는 교육내용과 관련해서 다양성에 초점을 맞추는 경우와 획일성을 고수하는 경우가 있다. 획일성을 고수하는 경우는 대개 상급학교로의 진학이나 해외유학만을 추구하든지, 아니면 일반적인 기독교 대안학교들처럼 신앙증진과 기독교적 인성함양에 교육의 초점을 맞추는 학교들에서 나타난다. 이런 경우에는 학교가 설립이념에 따라 교육하고자 하는 본래의 목적달성에 충실할 것이므로 학생들은 학교의 목적을 제대로 인식하고 입학해야 한다.

이에 반해, 다양성에 초점을 맞추는 경우는 지식위주의 기존 교육과정을 비판하고 학생들 각자의 특장이나 취향을 살려서 이를 계발하게끔 하려고 한다거나 이를 위해서 다양한 교육과정을 제공하려고 하는 학교들에서 나타난다. 예를 들어, 자연교육을 기치로 학생들에게 공부 외에 농사나 기술을 가르치는 것과 같은 교육이 이에 해당된다.

그런데 이런 다양성의 극단적인 논리는 사상적인 측면에서 현대를 대표하는 학문이론가 중 한 사람인 파울 파이어아벤트Paul Feyerabend에게서 잘 보인다. 『이성이여 안녕Farewell to Reason』이나 『반방법Against Method』과 같은 책을 집필한 그는, 학교에서 이성적인 학문들만 가르치지 말고 마술이나 점성술 같은 '비계몽적'인 과목들도 가르쳐야 한다고 주장한다. 그에 따르면, 지식의 획일성은 각자의 개성이나 창조성을 말살하면서 문화의 획일성을 생산하고, 그런 문화적 획일성이 지배하는 사회는 결국 총체적인 위기를 맞을 수밖에 없다. 하지만 이러한 극단적인 상대주의의 논리는 학문과 교육에서 아나키즘을 초래하게 될 가능성이 농후하다.

다섯째, 기독교적 관점에서 대안교육의 형태들은 기독교적 신앙에 기초를 두는 대안교육과 그렇지 않은 일반적인 대안교육으로 나눠진다. 사실 교육을 포함해 인간의 모든 활동은 종교적일 수밖에 없다. 따라서 교육 역시 기본적으로 하나님을 위한 교육과 그렇지 않은 교육으로 대별할 수도 있다.

하나님을 위한 기독교적인 교육은 인간의 진정한 영적 변화를 도모한다. 교육이란 단순히 지식을 보다 확대하고 자기를 계발하기 위한 것이 아니다. 그보다는 인간의 진정한 변화를 꿈꾸는 것이다. 그런 차원에서 진정한 교육은 오직 성경적인 교육만으로 가능한 것이라고 할 수 있다. 이런 관점에서 보면 비기독교적인 일반교육은 진정한 대안교육으로서 갖추어야 할 결정적인 유의미성이 없다고 해도 과언이 아닐 것이다.

기독교 대안학교들은 위에서 제시한 여러 가지 유형들을 잘 참작하여 어떤 경우에든 극단으로 빠지게 되는 부정적인 요인들에 주의하면서 그야말로 성경적인 대안교육을 시행해야 할 것이다. 그리할 때 각 유형들에서 긍정적인 것들은 얼마든지 수용해서 조화시킬 수 있다. 이를테면, 자연친화성과 문화친화성을 조화시킬 수 있으며, 또한 학생교육에서 자율성과 타율성을 조화시킬 수도 있다. 특히 기독교 교육은 인간의 진정한 치유와 회복을 추구하면서 동시에 성경적으로 설정된 목표를 성취해가는 성취중심적인 교육도 실시할 수 있다. 또한 철저히 신앙적이면서도 공공적이고 사회적인 역할을 수행하는 데 적극적으로 참여할 수 있고, 전체적인 획일성 가운데서도 세부적인 다양성을 모색할 수도 있다.

2. 기독교 대안학교의 특성과 실제적 원리

앞서 대안학교들의 다양한 유형들을 구분해 보았다면, 이제는 기독교 대안교육이 고려해야 하는 몇 가지 유의사항들을 점검해 보아야 한다.

1) 기독교 대안교육은 지나친 자연중심주의 및 과도한 학생의 자율성 절대주의를 유의해야 한다.

오늘날의 대안교육에서 가장 선호되는 자연중심주의는 생명에 대한 경외심, 자연과 어울리고 조화하는 인간의 육성을 지향하는 '숲속 마을 작은 학교'를 꿈꾼다. 이는 오늘날의 물질문명 속에서 모든 것이 기계화, 물질화, 산업화, 정보화되고, 그런 가운데 결국 인간도 비인간화되면서 차츰 삶이 메마르고 각박해졌기 때문에 많은 사람들에게 굉장히 매력적인 대안교육으로 등장하게 되었다. 하지만 이러한 생태중심적인 대안학교들은 그 이념적인 기초에서 처음에는 도시문화로부터의 격리나 반문화 정서에서 시작했다가 급기야 한 걸음 더 나아가 범汎생태주의적인 성향을 띠면서 결국 유신론적이고 성경적인 기초에서조차 멀어질 수 있다는 점에 유념해야 한다. 물론 현존하는 일부 대안학교들 가운데는 도심지에서 공간을 확보하는 것이 어려워 깊은 산속으로 들어가거나 시골의 폐교된 초등학교를 활용하는 곳도 있기 때문에 자연형 대안학교들이 모두 생태주의를 표방한다고 단정할 수는 없다.

학생 자율주의 원칙도 전체적인 타율과 개별적인 절제를 선용하면 유익이 될 수 있지만, 그것을 절대적으로 고수할 경우에는 성경적인 인간관이나 훈육관과 배치될 수 있다. 성경은 인간의 전적 타락을 가르친다. 즉, 인간은 생래적으로 타락한 본성을 지니고 있다는 것이다. 따라서 성경적 교육관에 따르면, 인간의 본성적 지향성에 따라 학생들을 방치할 수는 없는 노릇이다. 이에 대해서는 아우구스티누스나 도예베르트Hermann Dooyeweerd와 같은 기독교 철학자들도 주장하고 있는 바이다. 즉, 타락 후 인간에게는 자유의지가 없으며non posse non peccare, 그 인간의 이성에도 자율성이 없고, 종교적으로도 이미 배도적 상태 하에 놓여 있다는 것이다.

그러므로 학생들의 생래적 자율성을 통한 점진적 자아발달이나 인격함양은 기독교 교육원리와 일치되지 않는다고 하겠다. 그보다 성경은 타락한 인간의 근본적인 영적 변화를 주장한다. 이런 점에 근거해서 구약성경은 종종 자녀에 대해 엄하게 교육할 것을 요구하기도 한다.

2) 기독교 대안교육은 신앙이 없는 교육과 교육이 없는 신앙을 경계해야 한다.

기독교 대안학교들은 신앙공동체이면서 교육공동체이다. 이런 이중적인 성격 가운데 학교의 뿌리와 열매는 신앙이 되어야 하며, 줄기와 잎은 학습이 되어야 한다. 만일 기독교 대안학교가 교육은 좋지만 신앙적인 기초가 없거나 약하다면, 그것은 그 학교의 '기독교적' 정체성이 사라지는 것과 같다. 신앙이 없는 교육은 하나님께 인정받지 못하며, 결과적으로 하나님에게서 멀어지고 그분과 무관하게 된다. 따라서 기독교 교육은 어떤 형태로든지 하나님의 나라와 그분의 영광을 위한 것이므로 반드시 견고한 성경적인 신앙 위에 구축되어야 한다.

이와 달리 교육이 없는 신앙만 있을 경우에는, 학교로서의 정체성이 사라지게 된다. 기독교 대안학교가 인성과 생활훈련, 선교와 찬양이 주를 이루고 학습활동이 상대적으로 약화된다면, 그것은 학교로서의 본래적 기능과 교육이라는 본래의 목적을 상실하게 되는 것이다. 기독교 대안학교는 교회나 선교단체가 아니다. 그것은 다만 성도들이 모인 집단이기 때문에 광의적인 의미에서 일종의 교회적 성격을 지닌 공동체일 뿐이다. 기독교 대안학교는 어디까지나 본질상 교육공동체이기 때문에 그곳에서 예배와 기도, 찬양, 선교를 시행하더라도 그것으로 인해 학생들에게서 인지적인 교육이나 학습을 약화시켜서는 안 된다.

결과적으로 기독교 대안교육은 분명한 성경적 신앙 위에서 알찬 교육을 행해야 한다. 신앙이 없는 교육은 교만驕慢하고, 교육이 없는 신앙은 태만怠慢하다. 만일 신앙과 교육이 균형 있게 조화를 이루지 못하는 기독교 대안교육이라면, 어느 측면에서 보든 그것은 일종의 기만欺瞞일 수밖에 없다.

3) 기독교 대안교육은 현실성을 도외시해서도 안 되고, 그렇다고 세속적인 명성에 도취되어서도 안 된다.

기독교 대안교육은 공교육에 비해 상대적으로 그 규모와 체계가 미약한 것이 사실이다. 특히 우리나라의 현실에서 대안학교의 교육은 상당수 그 학교와 교육과정이 교육부가 인정하는 정규교육은 아닌 경우가 많다. 그러므로 자녀들을 대안학교에 보내는 학부모들은 한편으로는 대안교육에 대한 기대가 있으면서도, 다른 한편으로는 교육의 체계성과 실제적인 효과에 대해 일말의 의구심이 있을 수도 있다. 이런 의심의 눈초리는 학부모들만이 아니라 교육부나 교육청, 그리고 사회의 일각에서도 가질 수 있다. 때문에 기독교 대안학교의 관계자들은 이러한 다소 부정적인 시각을 이상하게 여기지 말고, 오히려 보다 좋은 교육과 그 결과로 이러한 우려들을 불식시켜야 한다.

이런 점에서 기독교 대안학교들은 공교육에서보다 학생들에게 더욱 철저하고 알찬 교육을 시킴으로써 그것의 가치와 장점을 드러낼 수 있어야 한다. 학부모들과 교회, 사회로부터 외면된 대안학교는 존립할 수 없다. 기독교 대안교육은 달나라나 별세상에서 하는 것이 아니라 이 땅 위에서 이 땅 위의 사람들을 대상으로 하는 것이다. 따라서 세상에서 좋은 교육의 결과를 얻음으로써 학생들도 만족하고, 학부모들과 사회로부터도 좋은 평판을 얻는 것은 필요한 일이다.

물론 기독교인들이 하는 모든 일은 무엇보다 먼저 하나님께 인정받아야 한다. 그러나 세상 가운데서도 좋은 평판을 얻고 그 이름을 높일 수 있다면, 궁극적으로 그것으로 인해 하나님의 이름도 높임을 받고 그분께도 영광이 돌려질 수 있는 것이다. 물론 그럴 경우 기독교인들도 더 좋아하게 마련이다. 하지만 그렇다고 해서 기독교 대안학교들이 세속적인 명성을 지향하거나 그것에 도취되어서는 안 된다. 이런 식의 명성위주의 교육을 극복하기 위한 것도 대안교육이 시작된 이유라는 점을 감안한다면, 세속적인 명성에 도취되는 것은 대안학교의 존립 목적 자체를 스스로 부정하는 일이 되는 것이다.

우리나라의 대학교들을 볼 때, 과거 기독교적인 대학교로 출발했던 대학교들이 세속적인 명성을 추구하면서 달려온 결과, 오늘날 세속화의 길을 걷고 있는 다른 일반 대학교들과 전혀 구별되지 않는 교육을 시행하고 있음을 보게 된다. 그것은 우리나라의 대학교들뿐만 아니라 영국의 옥스퍼드대학교나 미국의 하버드대학교의 경우에서도 마찬가지이다. 하나님의 대학교는 세상의 눈길보다 먼저 하나님의 면전에 서야 한다. 그러면 세상에서도 존귀함을 얻을 것이다.

4) 기독교 대안학교는 신학적인 정체성과 본연의 교육철학을 고수하면서 그것이 변질되지 않도록 유의해야 한다.

세상의 다른 일도 그렇지만 어떤 일이 단기적이고 일회적이지 않고 장기적일 경우 그것이 시작될 때에 지녔던 이념이 퇴색하기 마련이다. 특히 교육과 같이 백년대계의 과제일 경우, 학교를 설립할 당시에 지녔던 이념들과 교육철학이 세월이 흐르면서 변질될 가능성은 얼마든지 있다. 그래서인지 이 땅의 여러 기독교 학교들 역시 역사가 경과되면서 성경적인 신학에서 벗어나 성경비판과 상대주의, 심지어 종교다원주의에 이르는 신학적인 변질을 보이고 있다.

사실 학교에서 중요한 것은 행정이나 수업보다 교육철학과 이념이다. 더군다나 공교육과 분리된 대안적인 교육을 시행하고자 설립된 대안학교들에게서는 그것의 독특한 교육철학과 이념들이 매우 중요하다. 특히 기독교 대안학교의 교육이념은 신학적인 기초 위에 서 있다. 그렇기 때문에 바른 성경적 신학, 개혁주의적 사상을 학교의 이념적 정초가 되게 하고, 나아가 그것이 학교의 역사가 흘러가면서 변질되지 않도록 유념해야 한다.

또한 이를 위해서 학부모와 학생들은 무엇보다 학교의 운영진과 교사들이 성경적 신학과 개혁주의적인 교육철학을 지녔는지 점검할 필요가 있고, 또 학교 측에서는 운영진directing staff의 구성과 교사instructing staff의 선발에서 이러한 신학적인 선명성을 무엇보다 유의해서 살필 필요가 있다. 특히 학교의 교직원들이나 학생 가족들 가운데 이단이나 사이비종파에 관계된 점은 없는지 유념해야 한다. 학생선발의 경우에서도 신학적 통일성이나 일치성을 갖는 것이 건전한 공동체를 유지하는 데 관건이 된다.

이런 문제들을 심각하게 고려하거나 주의하지 않는다면, 학교가 이내 위기에 봉착하거나 하나님과 무관한 세상의 학교로 전락하고 말 것이다. 또한 제대로 된 교육이 이루어지기도 어렵고, 그에 따라 하나님 나라에 필요한 인재를 양성하고 배출하는 것도 힘들게 될 것이다. 신학적 정체성과 교육철학은 학교교육의 사활이 걸린 문제이다. 따라서 학교의 경영진과 직원들, 교사들에 대한 영적, 소명적 훈련과 재교육은 꼭 필요한 부분이다.

5) 기독교 대안학교의 모든 교육 프로그램은 늘 성경에 의해 조명되고 또 항상 개혁되어야 한다.

학교의 교육과정은 학문의 발달과 변천에 따라 항상 쇄신되어야 한다. 만일 학교가 최신학문이나 첨단과학의 흐름을 수용하지 않는다면, 학교교육은 낙후될 수밖에 없을 것이다. 하지만 그럼에도 불구하고 기독교 대안교육이 고려해야 하는 가장 중요한 사항은 학문적 발달에 따른 고려가 아니라 성경적 정초성과 충실성이다.

오늘날에는 새로운 학문이론 및 과학철학의 등장으로 수학이나 기하학과 같은 엄밀한 수리적 학문을 제외하고는 과학적 법칙 내지 학문적 진리가 더 이상 존립하지 않는다. 그보다 모든 법칙과 진리들은 학자들 각자의 다양한 주관적 견해opinions 또는 학설들theories로 환원될 수 있다고 말한다. 하지만 이로 말미암아 엄밀한 실증적 학문을 자랑하는 자연과학의 분야들에서조차 실험실에서 일어나는 화학적 변화를 설명하는 것을 제외하고는 다른 해석적 요소를 지닌 모든 분야들이 하나같이 기초부터 취약하게 되었다.

더군다나 물질이나 우주의 기원, 생명이나 정신의 세계, 역사의 과정, 그리고 사물의 본질 등의 분야와 관련해서는 딱히 어떤 법칙이 지배하는 것이 아니기 때문에 아주 그럴듯한 과학적인 주장들도 한낱 설說에 불과할 뿐이지 타당한 진리는 될 수 없는 것이 현실이다. 그런데 사실 이러한 모든 근원적이고 궁극적인 사안들은 인식론적으로 접근해보면 하나님의 말씀인 성경을 도외시하고는 불가지론과 상대주의, 인식론적 아나키즘에 빠질 수밖에 없다. 그리고 이런 상황은 결국 지적 허무주의를 낳게 되고 나아가 삶의 허무주의까지 파생시키게 된다.

기독교 대안학교의 교육과정은 이러한 인식과 삶의 허무주의로 가게 하는 비非유신론적, 반反유신론적인 견해들과 상대주의적 관점들만을 도입해서는 안 된다. 기독교 교육과정은 성경에 나타난 하나님의 진리 위에 정초한 학문을 가르치는 것이어야 하며, 오늘날에 유행하는 다양한 주장을 포함해 "모든 이론을 무너뜨리며 하나님 아는 것을 대적하여 높아진 것을 다 무너뜨리고 모든 생각을 사로잡아 그리스도에게 복종하게"고후10:4-5 하는 것이어야 한다.

그러므로 기독교 대안학교의 교육과정은 늘 성경으로 돌아가고, 성경에서 답을 찾고, 성경을 따라 개혁되고 보완되어야 한다. 이를 위해서 교사들은 성경, 특히 자기분야와 관련된 성경의 내용들을 깊이 연구하여 잘 인지하고 있어야 하며, 학생들도 성경이 지혜와 진리, 학문의 원천임을 깨닫고 성경을 애독하면서 하나님의 말씀에 대한 경외심을 가져야 한다. 기독교 대안학교들에서는 어쩌면 성경만이 유일한 참된 교과서라고 해야 할 것이다.

6) 기독교 대안학교는 그 본래의 사명감과 교육적 열정이 퇴색하거나 약화되지 않도록 유념해야 한다.

기독교 대안학교는 대개 하나님 나라를 위한 인재를 양성하는 데 뜻을 둔 한 개인이나 소수의 일반 성도들 또는 교회의 목회자들에 의해 시작되는데, 점차 학교의 형태가 갖추어지고 규모가 커지면서 초기의 사명감을 공유하지 못한 외부 인사들이 교직원으로 영입되면 설립초기에 지녔던 사명감과 열정이 조금씩 약해지기 시작하게 된다. 아무리 좋은 환경과 탁월한 교육프로그램을 지니더라도 학교의 교직원들이 본래의 사명감과 열정을 지니지 못하면, 학교는 활기가 약해지고 좋은 교육의 열매도 기대하기 어렵게 된다. 사명감과 열정이 없는 교육은 똑같이 사명감 없고 열정 없는 인재를 양성할 뿐 아니라, 학교 전체를 무기력하게 하고 결국에는 퇴락시킨다.

따라서 학교는 먼저 대안교육에 열정과 사명감을 가진 교직원들을 선발해야 하는데, 이런 열정을 판단하는 시금석 중 하나는 과연 자신의 기득권을 포기하고 자기희생을 할 수 있느냐 하는 것이다. 물론 교직원들뿐만 아니라 학생들과 학부모들의 경우에도 대안교육에 '기대와 열정'이 있는 사람들을 선발하는 것이 좋다. 왜냐하면 그럴 경우 학생들과 학부모들로부터 학교에 대한 부당한 불만을 원천적으로 감소킬 수 있는 한편, 학생들의 학교적응도와 학부모들의 학교만족도를 상승시킬 수도 있기 때문이다.

이와 더불어 학교는 대안교육에 대한 사명감을 고취하고 열정을 유지하기 위해서 교직원들과 학부모들을 대상으로 정기적으로 특별한 집회나 세미나를 갖는 것이 좋다. 나아가 학교의 운영진은 학교의 창립교육이념이 수업과 학교 전반에서 변질되지 않고 잘 적용되고 있는지 주기적으로 평가하고 살펴야 한다. 또한 학교전반에 대한 정기적인 점검과 평가를 위해서 연간보고서를 작성하는 것이 좋다. 아무리 성경적인 교육신조와 기독교적 관점에서 교육과정을 잘 세운다 하더라도 이를 교실에서 실천하는 것은 또 다른 문제이기 때문이다.

7) 기독교 대안학교의 모든 교직원들은 항상 섬김과 사랑의 자세를 견지해야 한다.

기독교 대안학교는 하나님께서 세상에 부여하신 영역 중 하나로서, 여기서 가르치는 교사들은 교육과 관련해서 권위를 갖는다. 또한 학교에서 봉사하는 직원들 역시 자신의 고유한 업무와 관련해서 책임과 함께 권한도 가진다. 그러나 그러한 권위가 있음에도 불구하고 기독교 학교의 교사들과 직원들은 언제나 권위적인 자세보다는 섬김의 자세로 봉사해야 한다. 하나님의 나라를 위해 수고하는 자들이 취해야 하는 가장 중요한 자세가 섬김의 자세이기 때문이다. 학교의 교사들이나 교회의 목회자들, 오지奧地의 선교사들은 모두 섬김을 위해 부름 받은 자들이다.

그러나 현실적으로는 일 또는 사역의 현장에서 주로 명령하거나 섬김을 받는 위치에 있다 보면, 어느새 자신도 모르게 섬기는 자가 아니라 섬김을 받는 자로 스스로를 인식하게 되고 그러면서 점차 섬김을 받는 데 익숙한 사람이 되곤 한다. 따라서 기독교 대안학교의 교직원들은 언제나 이러한 점에서 미끄러지지 않도록 스스로를 잘 살피고 다스릴 수 있어야 한다. 또한 교직원으로서의 권위는 군림이나 명령의 태도에서보다 섬김의 태도나 '섬기는 자'라는 자기 인식에서 더욱 잘 구현된다는 것을 명심해야 한다. 그리고 무엇보다 교직원들은 교육이나 행정업무를 수행할 때, 그것을 사람을 섬기는 일로만 인식하지 말고 나아가 그렇게 사람을 섬김으로써 궁극적으로는 하나님을 섬기는 것으로 인식해야 한다. 교직원들이 이와 같은 태도를 지닐 때, 실제로 학생들과 학부모들에게 풍성하고 다양한 서비스가 제공될 수 있을 것이다.

8) 학교의 모든 구성원들은 그리스도 안에서 한 가족이라는 지체의식을 지니고, 상호간에 사랑과 신뢰의 관계를 지속적으로 유지해야 한다.

하버드대학교의 비즈니스 스쿨Harvard Business School에서 "관계가 힘이다Power is Relationship"라는 모토를 내 건 적이 있었다. 그만큼 관계가 중요하다는 말이다. 기독교 대안학교 역시 다른 학교들처럼 다양한 관계들 속에 있다. 그리고 우리나라에서는 다른 어느 나라들에서보다 인간관계를 매우 중요시한다. 개인적인 삶이나 공동체적인 삶에서 관계를 유지하거나 훼손하는 것은 긍정적인 방향으로든 부정적인 방향으로든 결정적으로 작용한다.

기독교 대안학교는 이사진과 교장을 위시한 학교 책임자들, 교목과 교사들, 교사들과 학생들, 운영진과 직원들, 교사들과 직원들, 학교와 학부모들, 교사상호간, 학생상호간 등의 다양한 관계들로 얽혀져 있다. 이러한 많은 관계들 가운데 어느 하나라도 단절되거나 파행된다면, 이는 학교 전체에 악영향을 주게 된다. 때로 관계가 심각하게 훼손되는 경우에는 정상적인 학교운영 자체가 어려울 만큼 학교에 치명상을 입히게 된다. 이런 점에서 기독교 대안학교는 하나의 영적인 유기체라고 해도 과언이 아니다.

특히 기독교 대안학교들은 다른 학교들보다 학급이나 학교의 규모가 비교적 소수로 이루어져 있기 때문에 작은 관계의 훼손도 학교 전체에 주는 영향이 훨씬 더 크게 작용한다. 이런 점에서 교사들이나 학생들 사이의 관계에서 가장 심각한 악으로 간주되는 '동료 따돌리기 현상'은 반드시 근절되어야 한다. 한편, 기독교 대안학교들에는 이러한 학교의 내부적 관계 외에도 교회와의 관계, 국가기관들과의 관계, 그리고 다른 공립학교들과의 관계와 같은 외부적 관계들도 있는데, 그러한 외부적 관계들을 지혜롭게 잘 유지하는 것도 매우 중요하다.

기독교 대안학교는 권위와 책임, 그리고 동시에 사랑과 신뢰의 관계가 지속적으로 구축되어야 한다. 특히 교직원들과 학생들이 각자 자신의 위치와 과제에 충실하면서, 그 저변에서는 하나님의 사랑과 은혜로 말미암은 거룩한 인격들로서 서로가 서로를 격려하며, 같은 형제요 자매라는 지체의식을 지녀야 한다. 다시 말하지만, 좋은 관계를 형성하고 유지하는 것이야말로 공동체가 지닌 가장 탁월한 힘이다. 참된 교육은 사랑 가운데서 이뤄진다. 그런데 하나님께서는 사랑이시므로 궁극적으로 참된 교육은 하나님 안에서 가능한 것이다.

9) 기독교 대안학교의 모든 운영은 하나님 앞에서 정직하면서 공정하고 투명하게 이뤄져야 한다.

기독교 대안학교는 언제나 은혜와 사랑의 원리를 고수하면서 동시에 학교의 모든 운영을 공정하고 정직하며 투명하게 해야 한다. 참된 은혜는 공의를 배제하지 않고, 참된 사랑도 공정과 대립되지 않는다. 은혜와 공의는 대립개념이 아니라 상보개념이다. 따라서 "오직 정의를 물 같이, 공의를 마르지 않는 강 같이 흐르게 할지어다"암5:24라는 말씀처럼, 하나님의 기관에서는 하나님의 공의가 하수河水같이 흘러야 한다. 또한 하나님의 영광을 위한 모든 일은 언제나 투명해야 한다.

기독교 기관들에서 은혜를 빌미로 변칙이 용인되거나, 사랑을 핑계로 불법이 묵인되어서는 안 된다. 오히려 하나님 나라의 일은 기본과 원칙에 충실해야 한다. 만일 기독교 대안교육이 이러한 원칙과 기본에 충실하지 못하고 편법, 불법, 탈법, 무법을 일삼는다면, 그 때는 학생들과 학부모들이 등을 돌릴 것이며, 결국 하나님마저 외면하실 것이다. 그러므로 기독교 대안학교는 투명성과 공정성, 정직성을 학교의 재정운용과 교직원 선발 및 개별적인 업무수행에서부터 학생들의 입학, 장학생 선발, 성적처리, 진급 문제 등 제반사항에 이르기까지 모든 분야에서 철저하게 시행해야 한다. 그럼으로써 어떤 경우라도 불의가 발을 디딜 수 없도록 해야 한다. 하나님의 일은 불의와 죄 가운데서는 결코 진행될 수 없다.

10) 기독교 대안학교는 언제나 영적 각성 가운데 있어야 한다.

하나님의 일은 관점의 변화나 공정한 운영, 정직하고 성실한 업무수행으로 달성되지 않는다. 그러한 것은 세속적인 기관들에서도 가능한 것들이다. 그보다 하나님의 기관이 갖는 독특성은 영적인 능력에 있다. 영적인 능력 없이 관점만 변하는 것에서는 진정한 열매를 찾기가 어렵다. 그렇기 때문에 하나님의 일에서는 늘 영적 각성이 필요하다. 그렇지 않으면 언제든 사탄이 하나님의 일을 방해하고 어둠의 세력들이 훼방할 것이다. 이런 점에서 하나님의 백성들은 늘 영적 전쟁 상태에 놓여 있다고 할 수 있다. 그리고 지도자들은 이런 영적 전쟁에서의 지휘관들이다. 따라서 지휘관들이 영적으로 깨어 있지 못하고 잠들거나 졸고 있다면, 영적 전쟁에서 승리하기가 어려울 것이다.

교육의 현장도 언제나 영적 전장戰場이다. 영적 전쟁은 현실에서 항상 대리전을 치르는데, 때로는 대중문화 속에서, 때로는 교육현장에서 치른다. 이런 전쟁에서 사탄은 우리의 자녀들을 우리도 모르는 사이에 자신의 영향권 아래 두려고 한다. 따라서 사탄과 어둠의 세력들이 우리 자녀들의 의식을 장악하기 전에 우리가 먼저 그리스도의 복음과 하나님의 사랑, 그리고 진리의 말씀으로 그들의 영혼을 선점先占해야 할 것이다.

하나님 나라의 모든 일은 영적인 긴장 없이는 불가능하다. 영적인 각성이 없는 곳에서는 언제나 유혹과 시험, 영적인 나태와 방만함이 있기 마련이다. 그러므로 어디서보다 더욱 영적인 긴장이 필요한 교육의 현장에서는 학교의 교직원들과 학부모들, 그리고 학생들 모두가 영적인 긴장을 늦추지 말아야 한다.

이를 위해서 학교는 종종 영적 각성을 위한 집회와 기도회를 가질 필요가 있다. 그리고 무엇보다 기독교 대안학교를 영적으로 지키기 위한 기도의 정예부대를 따로 두는 것이 좋다. 하나님의 일은 결코 기도 없이는 이뤄지지 않는다. "기도 없이 기독교인이 되라는 것은 마치 숨 쉬지 말고 살라."는 것과 같은 것이라는 루터의 말처럼, 기도 없이 기독교 교육을 하고 기독교 학교를 운영하는 것은 교육을 실패하게 하고 학교를 망하게 하라는 것과 같은 말이라 하겠다.

기도를 통하여 거룩한 능력이 각자에게 그리고 공동체에게 임하는 것이다. 학교라는 기관은 말과 지식에는 능할 수 있지만, 하나님을 위한 열매는 그것만으로는 되지 않는다. 그보다 하나님을 위한 열매는 거룩한 능력으로만 맺을 수 있다. 능력은 교회의 성장뿐만 아니라 기독교 교육기관의 발전에서도 똑같이 비밀의 열쇠이다.

제13장

성경의 대안학교: 천상의 학교들

이제 긴 논의를 마무리하면서 성경에 나타난 여러 가지 대안학교들을 살펴보고자 한다. 이런 학교들은 지상 가운데 있었지만, 하늘의 하나님께서 친히 교사로서 가르치신 천상의 학교들The heavenly schools이었다. 구약에서 친히 가르치신 성부 하나님, 성육신 하셔서 제자들을 교육시키신 성자 하나님, 그리고 사도행전 이후 보혜사이신 성령 하나님께서 가르치신 특별 학교들인 것이다. 지상의 모든 기독교 대안교육과 대안학교들을 운영하는 사람들은 이러한 성경의 학교들에서 소망을 갖게 되고 희망을 발견할 수 있을 것이다.

1. 학교의 역사

먼저 천상의 학교들에 관해 논의하기 전에 지상의 학교들의 내력을 간략히 서술하고자 한다. 학교의 역사는 인류의 역사에 비해 그렇게 길지 않다. 학교가 있으려면 먼저 학문이 있어야 한다. 아니면 적어도 배워야 할 문자가 있어야 한다. 그런데 고대의 인간들은 비록 말은 있었지만, 문자는 없었다. 문자의 개발은 한참 뒤에나 이루어졌다. 또한 학문logos이 있기 전에 오랜 기간 신화mythos의 시절이 있었다. 그러다가 인간이 문자를 개발하고 학문을 시작하면서 비로소 학교들도 생겨나게 되었다. 처음의 학교는 아마도 개인적으로나 가정에서 가르치고 배우는 가숙家塾 또는 사숙私塾이었을 것이다. 그 이후 교회나 국가가 인재를 키워야 할 필요성이 있다고 판단하면서부터 공식적인 학교들이 등장하기 시작했다.

대표적인 사숙 형태의 학교로서 서양학문의 기초를 놓고 세계학교의 토대를 세운 학교가 바로 플라톤Platon이 세운 아카데미아Academia이다. 그것은 주전 387년에 아테네에서 설립되었는데, 그 후 주후 6세기까지 알렉산드리아 등지에서 신플라톤주의자들이 계승한 역사를 다 포괄한다면, 이 학교는 무려 천년 가까이 유지되었던 것이다. 이런 세속학교 외에도 기독교 학교로 유명한 학교가 초대 기독교의 중심지 중 하나였던 알렉산드리아에 있었는데, 그것이 바로 교부 클레멘스Clemens와 오리게네스Origenes가 이끌던 요리문답학교였다.

4세기의 대표적인 교부였던 아우구스티누스는 그의 『고백록

Confessiones』에서 자신이 고향 타가스테Tagaste에서 초등학교를, 인근의 마다우라Madaura에서 중등학교를, 그리고 그 후 카르타고Carthago에서 대학교 과정을 공부했다고 기술함으로써, 이미 당시에 오늘날과 유사한 형태의 학교들이 있었음을 보여주었다. 한편 중세의 서양에서는 주로 왕실과 교회, 수도원에서 학교를 만들었는데, 그것이 스쿨school의 어원인 스콜라schola였고, 이 스콜라schola가 발전하여 파리Paris와 옥스퍼드Oxford, 볼로냐Bologna 등에서 우니베르시타스universitas, 대학교가 생기게 되었던 것이다.

우리나라도 이미 4세기 고구려에 태학太學을 가르치는 경당經堂이 있었다. 신라에도 문인을 양성하기 위한 국학國學과, 무인을 배출하기 위한 화랑花郞 학교가 있었다. 그리고 고려시대와 조선시대에는 수많은 서당들이 전국 방방곡곡에 산재해 있었고 그것이 조선을 책의 나라, 학문의 나라로 만드는 데 결정적인 영향을 주었다.

2. 천상의 학교들의 형태

이상의 학교들은 인간이 운영한 지상의 학교들이다. 그런데 우리의 관심은 천상의 학교들에 있으므로, 이제 천상의 학교가 무엇이며, 그것이 어디에 있는 것인지 살펴보기로 하겠다. 물론 천상의 학교도 지상에 있다. 다만 학생들을 가르치는 교사가 인간 교사가 아니라 신적 교사이신 하나님이시라는 것이다. 아우구스티누스 역시 앞서 언급한 『교사론De magistro』에서 참된 교사는 우리가 아니라 예수님이시라고 강조했다. 따라서 참된 교사이신 하나님께서 인간들을 교육하셔서 하나님 나라를 위한 인재들로 자라게 하시는 학교에 주목하게 된다.

천상의 학교에서 하나님께서 교사이시라면 그것의 커리큘럼은 무엇일까? 천상의 학교의 교과서는 바로 하나님의 말씀인 성경이다. 성경은 인간에게 주신 하나님의 계시요 계시역사이다. 하나님께서는 이 계시의 말씀으로 구약에서나 신약에서나 그분의 사람들과 제자들을 가르치셨고, 또한 그 말씀을 접하는 모든 시대의 모든 사람들에게 여전히 가르치신다.

하나님께서는 먼저 창세기를 통해 창조주로서 하나님의 존재와 사역, 인간의 기원과 삶의 과제, 우주만물의 기원 등에 관해 인간들을 가르치셨다. 따라서 아담과 하와에게 선악과에 관해 말씀하신 것이나 그들의 삶에 문화명령을 위임하신 것 역시 모두 일종의 교육이었던 것이다. 이후로도 하나님께서는 선지자들을 통해 이스라엘 백성들에게 그분의 뜻을 알리심으로써 어리석고 완고했던 그들을 교육하고자 하셨다—물론 그것은 오늘날 이 시대의 하나님의 백성들에게 주는 교육이기도 하다—.

또한 흔히 신약성경에서 말하는 예수님의 삼대 사역, 즉 가르치시고teaching, 전하시고preaching, 고치신healing 사역마4:23, 9:35 가운데서도 가르침이라는 교육사역이 중요하게 등장한다. 뿐만 아니라 하나님께서는 오늘날에도 성경을 통해, 교회를 통해 여전히 우리들, 그분의 백성들을 가르치신다. 따라서 오늘날 우리 모두가 하나님의 학교, 곧 천상의 학교의 학생들인 것이다.

우리는 성경에 나오는 하나님의 교육을 발견하고, 그것을 오늘날 기독교 교육의 모델로 삼아야 한다. 그러면 성경에 나오는 하나님의 교육들은 어떠한 교육이며, 또 그런 교육이 이뤄지는 하나님의 학교는 어떤 학교일까?

3. 성경에 나오는 천상의 학교들

신구약성경에는 많은 천상의 학교들이 등장하지만, 우리는 그 가운데서 에덴 학교에서부터 바울 학교에 이르는 대표적인 일곱 개의 학교들을 선별해, 그 학교들에서 당시의 하나님의 종들이 무엇을 배웠고, 또 오늘날 우리들은 무엇을 배워야 하는지를 중점적으로 살펴보려고 한다.

1) 에덴 학교School of Eden

에덴동산에 있던 학교는 성경에 나오는 최초의 학교일뿐만 아니라, 인류 최초의 학교라고 할 수 있다. 이 학교의 학생은 최초의 인류인 아담과 하와 두 사람이었고, 교사는 창조주 하나님이셨다. 학교캠퍼스는 에덴동산 전체로서 세상에서 가장 아름다운 캠퍼스였다. 즉, 이것은 오늘날 주로 건물 안에서 이뤄지는 공교육의 형태보다는 자연 속에서 자연과 더불어 살며 배우는 전원학교의 형태, 곧 대안학교였던 것이다.

이 학교의 전체 교과과정은 단출하게도 크게 두 과목인데 하나는 명령이었고, 다른 하나는 금령禁令이었다. 창세기 1장 28절에 나타난 명령은 "생육하고 번성하여 땅에 충만하라, 땅을 정복하라, 바다의 물고기와 하늘의 새와 땅에 움직이는 모든 생물을 다스리라"라는 것이었다. 그리고 창세기 2장 16~17절에 나오는 금령은 "동산 각종 나무의 열매는 네가 임의로 먹되 선악을 알게 하는 나무의 열매는 먹지 말라"는 것이었다. 만일 이 금령을 어겼을 경우에는 "반드시 죽으리라"는 무서운 벌칙까지 공지되었다.

에덴 학교에서 아담은 먼저 생육하고 번성하는 것, 나아가 하나님께서 창조하신 온 세상 만물을 가꾸고 다스리라는 교육을 받았는데, 소위 이것을 문화명령이라고 부른다. 이런 교육을 통해 아담 이후 인류는 피조세계가 우리가 섬겨야 할 신성한 대상도, 반대로 우리가 싸워 멸절시켜야 할 적도 아닌 것을 배우게 되었다. 오히려 피조세계는 함께 공존하면서 잘 가꾸고 활용해야 하는 대상이었다.

그런데 사실 에덴 학교에서 더 중요했던 가르침은 금령이었다. 그러나 아담과 하와는 뱀의 꼬임에 넘어가 금령을 어겼다. 그들은 '따먹지 말라는 것은 하나님 당신 생각이고, 우리 생각에는 따 먹어야겠다'라는 식으로 생각하면서 선악과를 따먹고 하나님의 가르침을 정면으로 위반하였다. 그 결과 아담의 후예들인 모든 인류에게 죄와 사망의 그림자가 길게 드리우게 되었다.

그러면 에덴 학교의 금령에 관한 수업에서 우리가 배워야 할 것은 무엇일까? 그것은 하나님의 말씀은 반드시 지켜야 하고 그렇지 않을 경우 하나님께서 경고하신 대로 징벌이 있을 것이라는 교훈이다. 물론 사람들이 생각하기에 에덴 학교의 금령은 매우 특이하고 단순하게 보일 수도 있다. 그러나 하나님의 가르침은, 금령은 어린아이라도 알아들을 수 있을 만큼 매우 쉽고 간단하며 분명한 것이고, 때문에 그것을 지키는 것은 정말로 전혀 어렵지 않은 것이며, 그리고 그것을 지키면 벌도 없고, 문제도 없고, 오히려 복이 임할 것이라는 가르침이었다.

그러므로 우리는, 하나님의 금령을 어기고 교육받은 대로 행하지 못한 인류의 시조로부터, 하나님의 말씀은 매우 중한 것이며 따라서 경외심을 가지고 그것을 반드시 지켜야 한다는 것을 배울 수 있어야 한다. 에덴 학교는 실패를 통해서 우리를 가르치는 것이다.

2) 광야 학교 School of Wilderness

모세의 부모는 히브리인 남아를 죽이든지 아니면 나일강에 던지든지 하라는 애굽 왕의 서슬 퍼런 명령을 어기고, 세 달 동안이나 모세를 숨겨 키웠다. 그러나 더 이상 숨길 수 없게 되자 모세를 갈대상자에 담아 띄워 보냈는데, 마침 강에 목욕하러 온 애굽 공주에게 발견되어 모세는 애굽의 왕실로 들어가게 되었다. 이후로 모세는 당시 세계에서 최고의 제국이었던 애굽의 왕실에서 당시 최고의 학문들을 모두 배웠을 것이다. 하지만 그렇게 화려한 왕실의 교육이 그의 인생을 바꾼 것은 아니었다.

어느 날 모세는 우연찮게 살인사건에 연루되었고, 어쩔 수 없이 광야 깊은 곳으로 피신하게 되었다. 그런데 이것이 그의 인생에서 결정적인 전환점이 되었다. 광야는 문명의 소리vox culturae가 들리지 않는, 심지어 사람의 소리vox humana조차 거의 들리지 않는 곳이었다. 들리는 것이라곤 바람 소리, 양떼 소리, 들짐승 소리와 같은 자연의 소리vox naturae, 그리고 하나님의 소리vox Dei뿐이었다. 그러나 광야에서의 무료하고 단조로운 삶, 고적하고 외로운 삶, 은둔의 삶속으로 그를 몰아간 것은 하나님이셨다. 다시 말해, 광야는 이러한 훈련과정을 통해 하나님께서 모세를 출애굽의 영도자로 세우시기 위해 준비하신 비밀 훈련 장소였던 것이다.

그리고 드디어 어느 날 모세가 장인 이드로의 양무리를 이끌고 호렙산에 이르렀을 때, 하나님께서 떨기나무 불꽃가운데서 그에게 나타나셨다. 여기서 모세는 비로소 모태에서부터 배워온, 그리고 애굽의 왕실생활에서도 잊지 않았던 하나님을 만나게 되었다. 사실 지식의 원천이 하나님이시고 그분을 경외하는 것이 지식의 근본이기 때문에, 하나님을 만나고 그분의 말씀을 접하는 경험이야말로 진리의 세계로 들어가는 첩경이다. 따라서 모세가 하나님과 대면하게 된 것은 그동안 세상의 헛된 지식과 우상의 문화만 전수받은 애굽의 왕실교육에서는 전혀 경험할 수 없었던 것이었으며, 비로소 그를 참으로 변화시킨 산교육living education이었던 것이다. 이는 오직 광야에서만 가능했던 교육이다.

그러면 광야 학교가 오늘날 우리에게 주는 교훈은 무엇일까? 그것은 기독교 교육은 지식의 교육으로 끝나는 것이 아니라 궁극적으로 하나님을 만나는 교육이 되어야 한다는 것이다. 오늘날 기독교 교육은 종류도 다양해지고 프로그램도 풍성해졌다. 이는 교회학교에서는 물론이고 기독교 대안학교에서도 마찬가지이다. 그러나 우리가 늘 잊지 말아야 할 것이 있다. 그것은 기독교 교육은 성경의 재미있는 이야기를 전하고, 기독교 복음송이나 기독교 뮤지컬과 같은 기독교 문화를 향유하게 하고, 기독교적 행사에 참여하게 하는 데 있는 것이 아니라는 것이다. 만일 기독교 교육이 그런 것으로만 점철되어 있다면, 어쩌면 그것은 껍데기 교육에 불과한 것일지도 모른다.

기독교 교육의 주체들이 명심해야 할 것은, 우리에게 맡겨진 학생들이 우리의 가르침을 통해 반드시 인격적으로 하나님을 만나고 예수님을 만나게 해야 한다는 것이다. 그래서 그들이 하나님을 자신의 하나님으로 알고, 예수님을 자신의 주님으로 영접하게 해야 한다. 말하자면, 신자화 교육을 해야 한다는 것이다. 이것이야말로 기독교 교육의 핵심과제요 가장 중요한 목표이다. 만일 오늘날 기독교 교육이 이러한 점을 고려하지 않는다면, 아무리 다른 모든 면에서 다채롭고 풍성하게 갖춰졌다 하더라도, 그것은 열매가 없는 무성한 과일나무에 불과할 것이다.

그러므로 지상의 모든 기독교인들은 광야에서의 모세처럼, 세상 광야 길의 삶에서 하나님을 만나고 예수님을 만나야 할 것이다.

3) 선지 학교School of Prophets

모세의 광야 학교 이후, 구약에서 만나는 또 다른 학교는 선지자들을 교육하고 양성해낸 선지 학교이다. 오늘날로 치자면, 목회자를 양성하는 신학교와 유사한 것이다. 선지 학교는 다른 천상의 학교들과 달리 선지자들이 세운 학교로서 신구약성경에서 유일하게 지상의 학교의 형태를 취하였다.

구약의 역사에서 사사시대에는 사사들이 대개 개별적인 신적 소명을 받아 사역했지만, 왕정이 시작되면서는 선지자들의 그룹이 형성되었고 그와 함께 선지자 학교가 존립하기 시작했다. 우선 사무엘상 19장 18~24절, 열왕기하 2장과 4장 38~44절 등에서 이러한 선지자 학교에 관한 언급을 볼 수 있다—물론 번역에 따라 이를 '선지자들의 무리' 또는 '선지자들의 생도들'이라고 번역되기도 한다—. 사울 왕 시대에는 사무엘이 운영했던 선지 학교가 라마 나욧에 있었고, 바알과 아세라의 우상숭배가 극심했던 아합 왕 시대에는 엘리야가 운영했던 학교가 여리고에 있었던 것으로 보인다. 열왕기하 2장 5절에서는 그곳에 있던 엘리야의 생도들에 관해 언급하고, 4장 38절에서는 길갈에 있던 그의 생도에 관해 언급한다.

사무엘이 운영한 선지자 학교의 학생들은 레위인들이었던 것으로 보이는데, 그들은 성막에서 봉사했고 종종 국가적 종교예식에서도 시중들었던 것으로 보인다. 또한 그들이 선지자들로서 특별한 예언을 할 수도 있었겠지만, 대체적으로 그들은 모세오경이 말하는 여호와 하나님의 율례에서 끄집어 낸 교훈을 선포했던 것으로 추정된다.

한편 열왕기하에서는 엘리야가 운영한 선지 학교의 생도들이 첫 번째 그룹은 벧엘에, 두 번째 그룹은 여리고에, 세 번째 그룹은 요단강

부근에—이들은 모두 50여명 정도로 여리고의 선지 학교에 속해 있던 제자들로 추정된다—있었다고 언급한다. 열왕기하 4장에서도 엘리사가 길갈에서 선지자의 생도를 만나는 것을 볼 수 있다. 이렇게 볼 때, 당시 엘리야와 엘리사의 선지자 생도들은 이스라엘의 여러 지역에 적어도 몇 개의 그룹으로 나눠져서 사역하고 있었다고 할 수 있다. 그리고 이 생도들은 가장 힘든 시절에 바알에게 무릎을 꿇지 않은 칠천 명의 이스라엘 백성들의 영적 지도자들이었을 것이다. 이렇듯 당시 선지 학교의 생도들은 사무엘, 엘리야, 엘리사의 가르침을 따랐으며, 그렇기 때문에 그들의 '학생들'로 알려졌을 것이다.

그러면 이 학교에서는 무엇을 가르쳤고, 또 어떤 인재들을 배출하려고 했을까? 이 학교가 생겨난 사무엘 시대는 사사시대가 끝나고 왕정이 시작되던 과도기였다. 이때는 대외적으로는 블레셋 같은 이방민족의 침략이 있었고, 대내적으로는 우상숭배가 들어오고 하나님을 멀리하면서 이스라엘 전체가 영적으로 어두운 시기였다. 물론 훗날 엘리야 시대는 사무엘 시대보다 훨씬 더 영적으로 윤리적으로 타락한 시대였다. 이런 시대에 선지 학교는 선지자들을 양성하여 신앙을 고수하고 회복하는 운동을 전개하는 한편, 우상숭배자들과 맞서도록 했던 것이다. 그렇게 함으로써 백성들이 우상을 버리고 하나님께 돌아오도록 하려고 했던 것이다.

그렇다면 오늘날 우리가 이 학교에서 배워야 할 것은 무엇일까? 그것은 바로 교회와 민족의 영적인 회복을 위한 헌신이다. 기독교 교육의 목표는 학생들로 하여금 그들 자신만 변하고 그들 자신만 인생의 소명을 감당하게 하는 데 있지 않고, 더 나아가 하나님의 교회와 민족 전체를 영적으로 바르게 인도함으로써 거룩한 공동체와 거룩한 나라가 되게 하려는 영적 지도자들을 양성해 내는 데 있다. 말하자면, 민족을 위한 제사장적 사명을 감당하는 지도자들을 양성하는 것이다.

특히 오늘날 이 시대는 그 옛날 사무엘과 엘리야, 엘리사의 시대처럼 대외적으로는 위기에 직면해 있고, 대내적으로는 각종 우상들과 음란, 불의 등 온갖 죄악들이 만연해 있다. 이런 위기의 시대에 먼저는 하나님의 진리를 담대히 선포하고, 나아가 교회를 거룩하게 하고, 이 민족을 거룩한 민족이 되게 하는 데 헌신할 차세대 인재들을 길러내는 것이야말로 기독교 대안학교의 과제인 것이다.

4) 포로 학교School of Captivity

바벨론 왕 느부갓네살은 유대를 정복한 후 영특한 청년들을 잡아다가 왕실의 일꾼으로 사용했는데, 다니엘과 그의 세 친구들이 그들 가운데 속해 있었다. 그들은 왕의 명령으로 궁정에 있던 왕실 학교에서 삼년 동안 바벨론의 모든 학문과 방언을 배웠다. 그리고 삼년간의 왕실교육이 끝난 후 졸업시험을 치르게 되었다. 마침 느부갓네살 왕이 그들을 직접 테스트하게 되었다. 그런데 그 자리에서 다니엘과 그의 세 친구들이 특히 영특했는데, 성경은 이에 대해 "그 지혜와 총명이 온 나라 박수와 술객보다 십 배나 나은 줄을 아니라"단1:20고 기술한다. 여기서 '박수'는 오늘날의 자연과학자요, '술객'은 인문학자들이다. 따라서 다니엘과 그의 세 친구들은 바벨론의 동료학생들만이 아니라 바벨론의 학문적 스승들과 비교해서도 훨씬 더 뛰어났다는 뜻이다. 심지어 여기서 완전수인 '10'을 사용한 것을 보아 그 뛰어난 정도가 아예 비교불가였음을 짐작케 한다.

이러한 포로 학교의 교육이 오늘날 기독교인들과 기독교 교육에 주는 의미는 무엇일까? 그것은 우리 기독교인들은 각자의 학문분야에서 성경적 관점으로 학문을 개척하는 작업도 해야 하지만, 동시에 자기 분야에서 학문의 수월성도 구비해야 한다는 것이다. 기독교인들이 학문의 수월성을 구비하지 않는다면, 기독교 학문에 대해 세속학문이 폄하할 수 있고, 그로 인해 결과적으로 하나님과 그분의 진리가 외면될 수 있기 때문이다.

한국인이 설립한 해외의 한 기독교대학교를 방문한 적이 있었는데, 그때 그 대학교의 총장이 한 가지 아쉬운 점을 내게 토로했다. 그것은 대학교에서 교수사역을 할 수 있을 정도로 학문적으로 잘 준비된 이들은 소명감과 헌신에서 취약한 반면, 선교사로서 소명이 투철한 이들은 학문적인 준비가 약하기 일쑤라는 것이었다. 마찬가지로 우리가 기독교 교육을 한다면서 전인교육과 신앙교육만 강조하고 지식교육을 등한시한다면, 결국 기독교 학생들에게 학문적 수월성을 준비시키지 못하는 중요한 오류를 범할 수 있다.

물론 기독교 교육기관들은 다른 기존의 학교들처럼 지식교육만 강조하고 그것에 절대가치를 두어서는 안 된다. 하지만 그렇다고 해서 지식교육을 등한시해야 한다는 말은 아니다. 오히려 기독교 학교는 학생들이 최대한 지성을 계발할 수 있도록 유도하고, 그럼으로써 그들이 학문적으로도 최선의 준비가 되도록 지도해야 한다. 칼을 갈 때는 치열하게 갈아서 그 칼날을 날카롭게 만들어야 한다. 그렇게 해야 학생들을 학교에 맡긴 학부모들의 신뢰도나 학생들의 만족도도 상승할 것이다. 무엇보다 하나님께서 그분의 자녀들이 세상의 자녀들보다 영적으로 실력적으로 탁월하게 되는 것을 기뻐하실 것이다.

사실 다른 누구도 아닌 하나님께서 우리에게 지성을 주신 것이니만큼 그것을 철저히 계발하는 것은 지극히 당연한 일이다. 더군다나 배우는 것이 최대의 과제인 학생들이 학창시절에 열심히 공부하여 지성적으로 잘 준비되는 것은 그들에게 일종의 의무와 같은 것이다. 그렇기 때문에 기독교 학교들은 학생들이 지적으로 탁월성을 유지할 수 있도록 잘 지도해야 하는 것이다.

그런데 바벨론의 포로 학교에서 다니엘과 세 친구들은 어떻게 그러한 수월성에 이를 수 있었을까? 그것도 바벨론 방언으로 배우는 것인데 어떻게 가능했을까? 이 질문에 대한 대답은 다니엘 1장 17절, 곧 "하나님이 이 네 소년에게 학문을 주시고 모든 서적을 깨닫게 하시고 지혜를 주셨으니"라는 말씀에 있다. 말하자면, 이들의 명철함의 비밀은 바로 하나님의 특별과외에 있었다는 것이다. 우리에게 참 지혜를 주시는 분은 하나님이시다. 결국 왕실교육이 대단한 게 아니라 하나님의 특별과외가 이들을 박수와 술객들보다 열배나 똑똑하게 만든 것이다. 그러므로 오늘날 기독학생들도 공부와 관련해서 하나님께 지혜를 구해야 한다. 이렇듯 포로 학교의 교육은 하나님의 자녀들이 세상의 학교에서 세상의 지식을 배울 때도 세상 사람들보다 훨씬 더, 압도적으로 잘 할 수 있음을 가르친다.

그러나 다른 한편에서 포로 학교가 지식의 우월성보다 더 중요하게 가르치는 것이 있는데, 그것은 다니엘과 세 친구들이 바벨론의 사상과 학문에서 대단한 높은 수준의 지식에 이르렀지만, 그럼에도 그들은 거기서 배운 우상을 섬기는 일과 어려서부터 고국에서 배운 하나님을 섬기는 일을 혼돈하지 않았다는 것이다. 다니엘은 "뜻을 정하여 왕의 음식과 그가 마시는 포도주로 자기를 더럽히지" 않았으며단 1:8, 그의 세 친구들도 "왕의 신들을 섬기지 아니하며 왕이 세우신 금 신상에게 절하지" 않았다단3:12. 다시 말해, 그들은 학문과 사상에 관해 분명한 영적인 식별력과 분별력을 지니고 있었다는 것이다.

따라서 기독교 대안학교들도 세상의 학문과 교육내용에 관해 바른 영적 분별력을 지녀야 하며, 나아가 학생들도 이런 바른 판단력과 신앙의 절개가 있는 인재들로 자라갈 수 있도록 교육해야 한다. 특별히 인본주의적 정신에 따라 소수인권 보호와 같은 논리로 옹호되는 동성애를 비롯해서 다양한 비성경적인 주장들을 성경의 가르침에 따라 단호히 거부하고, 세상의 모든 이데올로기들과 시대정신들을 바르게 분별하며 비판하는 의식을 지니도록 교육해야 한다.

5) 갈릴리 학교School of Galilee

예수님께서 지상에서 공적으로 사역하신 것을 지정학적으로 접근해보면, 가히 갈릴리에서 시작해 갈릴리에서 끝났다고 해도 과언이 아니다. 예수님께서는 갈릴리에서 첫 번째 제자들인 베드로와 안드레 형제를 부르셨고, 갈릴리에서 그들에게 제자로서의 사역을 감당하도록 소명을 주셨다요21장. 이에 예수님께서 가르치신 학교를 갈릴리 학교라고 지칭할 수 있다.

사실 삼년간의 짧은 공적 사역의 기간 동안 예수님께서 하신 사역은 주로 제자들을 부르시고, 그들을 가르치고 훈련시키시고, 또 그들을 파송하시는 사역이었다고 할 수 있다. 복음서에 나오는 예수님의 말씀들을 보면, 대개 일반인을 상대로 하신 말씀들이 아니라 사실은 제자들을 가르치신 말씀들이었다. 우리가 잘 아는 산상보훈도 일반인들에게 주는 일반적인 교훈이 아니라 제자들에게 주신 말씀이었다. 마태복음 5장의 서두에 보면, "예수께서 무리를 보시고 산에 올라가 앉으시니 제자들이 나아온지라 입을 열어 가르쳐 이르시되 심령이 가난한 자는 복이 있나니"라고 나오는데, 이 말씀의 뜻은 예수님께서 산 아래에서 많은 무리를 보시고 그들을 피해 산으로 가셨는데, 제자들만 산으로까지 따라와서 그들에게 말씀하시기 시작했다는 뜻이다. 이렇듯 예수님의 말씀과 사역은 대부분 제자들을 가르치고 훈련시키시는 데 집중되었다. 따라서 예수님의 사역은 가히 제자사역, 제자훈련이었다고 해도 과언이 아니다.

그러면 예수님의 교육은 오늘날 기독교 교육에 어떤 의미가 있을까? 그것은 기독교 학교는 교육과 관련해서 먼저는 신자화 교육에 집중하고, 그 다음 단계로는 제자화 교육으로 나아가야 한다는 것이다. 즉, 기독교 학교는 그들에게 맡겨진 학생들을 수년 동안 교육하면서 다른 무엇보다도 먼저 그들로 하여금 이 시대의 예수님의 제자들이 되도록 해야 한다는 것이다.

루터파 종교개혁의 중심도시들 가운데 하나인 데사우Dessau의 성채교회Schlossenkirche의 제단에는 아들 루카스 크라나흐Lucas Cranach the Younger가 그린 성만찬 그림이 있다. 그런데 그 그림을 유심히 살펴보면, 잘 알려진 이탈리아 밀라노Milano의 레오나르도 다빈치가 그린 그림이나 심지어 그의 아버지 루카스 크라나흐Lucas Cranach the Elder가 비텐베르크Wittenberg의 성마리아 교회St. Marien Kirche의 제단에 그린 동일한 주제의 성만찬 그림과 확연히 다름을 알 수 있다. 뒤의 두 그림들은 성경에 따라 예수님과 그의 제자들을 그린 데 반해, 데사우에 있는 그림은 예수님의 제자들 자리에 루터와 그의 일파들을 그린 것이었다. 이것은 무엇을 뜻하는가? 그것은 종교개혁이 일어난 당시에 진정한 예수님의 제자들은 천주교도들이 아니라 종교개혁자들이라는 화가의 고백이었다.

이 시대에 기독교 학교가 길러내는 학생들도 단순한 신자들이 아니라 이 시대의 제자들이 되도록 해야 한다. 예수님께서 제자들을 훈련시키실 때는 무엇보다도 먼저, 베드로의 경우에서 볼 수 있듯이, 예수님 자신에 대한 고백, 즉 신앙고백을 바르게 하도록 하고 훈련을 시켰음을 알 수 있다. 따라서 오늘날 기독교 학교들도 먼저 학생들에게 바른 신앙고백을 위시한 신앙훈련, 제자가 되는 데 필요한 다양한 훈련들, 특히 제자답게 거룩한 삶을 살도록 하는 훈련으로 교육해야 한다. 물론 이것은 무엇보다 성경을 잘 가르치는 것이다.

또한 요한복음 21장에서는 예수님께서 제자의 대표격인 베드로에게 "내양을 먹이라"는 소명의 과제를 주시는데, 이것은 소명에의 훈련이다. 이는 베드로를 위시한 제자들을 예수님의 승천 이후 온 세상에 복음을 전파하며 예수님의 교회를 세워 갈 헌신자들로 세우기 위함이었다. 즉, 베드로와 제자들에게 목양의 비전을 주신 것이었다. 마찬가지로 오늘날 기독교 학교들도 학생들에게 그와 같은 꿈을 갖게 해야 한다. 요즘 청소년들에게서 하나님 나라를 위한 원대한 꿈을 품은 이들을 찾아보기가 쉽지 않다. 대부분의 청소년들이 일반적인 세상 사람들처럼 자기가 잘되고 성공하는 것을 바라지, 하나님의 나라를 위해 헌신하고, 복음을 위해 살고, 이 땅에 하나님의 영광이 편만해지는 것을 바라지는 않는다.

그러므로 기독교 대안학교는 학생들이 그들을 이 땅에 보내신 하나님의 목적을 알고, 그 하나님께서 주시는 꿈을 품고, 학교에서부터 열심히 준비해서 세상으로 나가도록 교육해야 한다. 다시 말해, 학생들에게 바른 소명을 교육함으로써 그들이 이 시대 속에서 예수님의 제자들로 아름답게 살아가도록 이끌어 주어야 한다는 것이다.

6) 오순절 학교School of the Pentecost

예수님께서 제자들을 삼년 동안이나 직접 데리고 다니시면서 온 갖 좋은 교육과 천상의 말씀으로 그들을 가르치셨으니, 당연히 그들은 완전히 새사람들이 되고 좋은 제자들이 되었을 것이라고 생각할 수 있다. 그러나 전혀 그렇지 않았다. 때문에 예수님께서 고난 받으시고 십자가에 달리실 때, 오직 요한만이 십자가 밑에까지 따라갔을 뿐

—어쩌면 요한의 집안과 가야바나 빌라도 집안과는 서로 아는 사이였는지도 모른다. 그랬기 때문에 그런 집을 수시로 드나들고 십자가 밑에까지 갈 수 있었을 것이다—, 수제자 베드로는 예수님을 완강히 부인했고, 다른 제자들도 모두 도망가고 뿔뿔이 흩어져 그들의 옛 일터인 갈릴리로 가거나 아니면 엠마오로 낙향해 버렸던 것이다.

제자들은 앞에 나설 용기는커녕 마냥 두려워 떨고 있었을 뿐이다. 스승이 체포되고 십자가에서 처형당하는 절대절명의 위기 앞에서 서로 모여 대책을 강구하거나 전략을 수립하는 모습은 어디서도 찾아볼 수 없었다. 심지어 서로 합심하여 기도하며 영적으로 대비하는 모습도 전혀 찾아 볼 수 없었다. 한마디로, 그들은 너무나 무기력한 모습이었다. 사실 이런 제자들의 모습을 보면, 예수님의 제자교육은 실패한 것처럼 보인다. 그런데 놀라운 반전이 일어난다. 요한복음 21장에서 그토록 오합지졸로 보였던 제자들이 사도행전 2장에 가서는 완전히 다른 용기백배한 사람들로 등장하는 것이다. 대체 이토록 놀랍게 변화될 수 있었던 비밀은 무엇일까? 그것은 바로 사도행전 2장 초반에 나타나는 성령님의 강력한 임재, 곧 성령충만이었다.

두려움에 떨며 숨어 있던 제자들이 두려움 없이 광장과 거리로 나와 담대히 복음을 전하는 전도자들이 될 수 있었던 것은, 본래 학문이 없던 자들이 청산유수처럼 말씀을 전할 뿐 아니라 그 말의 능력이 대단하여 하루에도 수천 명이 가슴을 치고 회개하면서 하나님께 돌아오게 되는 위대한 말씀의 종들이 될 수 있었던 것은, 심지어 나면서부터 걷지 못했던 사람을 잡아 일으키니 바로 일어서서 걷고 뛰는 놀라운 능력의 종들이 될 수 있었던 것은, 오직 한 가지 원인 때문이었다. 그것은 다름 아니라 오순절에 강력하게 임하신 성령님의 능력 때문이었다.

여기서부터 우리는 무엇을 배울 수 있을까? 그것은 우리가 변화되기 위해서는 설교도 들어야 하고, 교육도 받아야 하고, 훈련도 받아야 하지만, 사실 진짜로 우리를 달라지고 변하고 바뀌게 하는 것은 그런 것들보다 오직 위로부터 임하시는 성령님의 강력한 임재로 말미암는다는 것이다. 그렇다면 예수님의 교육은 제자들에게 아무런 의미가 없었을까? 그렇지 않다. 예수님께서는 제자들의 변화에 필요한 땔감을 준비하셨던 것이다. 이제 그 땔감에 불을 붙이기만 하면 되는데, 그것이 바로 성령님의 강력한 임재였던 것이다. 이것은 비단 주후 1세기의 제자들에게서만이 아니라, 이천년이라는 긴 세월을 뛰어넘어 주후 21세기의 제자들인 우리들과 우리가 가르치는 학생들에게서도 동일하게 적용될 수 있는 성경적 교훈이다.

기독교 대안학교는 학생들을 오늘날 현대인의 전형적인 모습인 '술에 취한 사람'이 아니라 '성령충만한 사람'엡5:18으로 길러야 한다. 물론 학생들을 교육하는 교직원들이 먼저 성령충만을 사모하며 기도에 집중해야 한다. 그리고 그런 모범 위에서 학생들에게도 기도훈련을 시켜야 한다. 그렇게 함으로써 사도행전의 주역들처럼 스스로도 놀랍게 변화될 뿐 아니라, 나아가 세상도 변혁시키는 하나님 나라의 훌륭한 인재들로 자라가도록 해야 한다.

7) 바울 학교 School of Paul

비록 예수님께서 지상의 공적 사역에서 직접 가르치신 제자는 아니지만, 다메섹 도상에서 예수님께서 직접 부르신 열세 번째 제자가 사도 바울이라고 할 수 있다. 그는 부르심의 순서로는 사도들 가운데 말미에 있었지만, 복음을 위해서는 다른 제자들 누구보다 선두에 서서 수고했던 놀라운 사역자였다. 그래서 베스도는 사도행전 26장 24절에서 바울에게 "네가 미쳤도다 네 많은 학문이 너를 미치게 한다"라고 말하기까지 했던 것이다. 베스도는 영의 세계를 몰랐기 때문에 바울의 많은 지식이 그의 지성을 다 채우고도 넘쳐나서 결국 미쳐버리게 된 것이라고 생각했다. 영의 세계를 모르는 자들이 영적인 차원의 삶을 사는 사람들의 행동과 삶을 이해하기 어려운 것은 어쩌면 당연한 일이기도 하다.

사실 바울뿐만 아니라 바나바, 빌립, 특히 순교당한 야보고와 스데반 같은 사도행전의 주역들은 일반인들의 시각에서는 가히 '미친 자'들이었다. 아니, 교회 밖의 사람들의 시각에서만이 아니라 복음의 세계 안에서도 젊은 날의 마가처럼 요령피우고 사역도 대충 하는 사람들의 시각에서도 그와 같은 사람들은 도저히 이해가 되지 않을 것이다. 그러나 하나님 나라에는 바울처럼 미친 사람, 광인狂人이 필요하다. 바울과 같은 복음의 광인 한사람으로 말미암아 로마제국 전체가 복음 앞에 무너지지 않았는가! 정말 톨스토이의 말처럼, 세계를 불사르는 데는 열두 개비의 성냥개비가 모두 필요한 것이 아니라, 단 하나의 성냥개비만으로도 가능한 것이다. 다시 말해, 팍스 로마나 *Pax*

*Romana*라던 그토록 견고했던 로마제국을 복음으로 전복시키는 데는 바울 한 사람으로 족했던 것이다.

우리는 바울처럼 오로지 예수님과 그분의 복음에 미쳐야 한다. 바울은 자기는 "복음을 증언하는 일을 마치려 함에는 나의 생명조차 조금도 귀한 것으로 여기지 아니하노라"행20:24고 했고, 또 "우리가 살아도 주를 위하여 살고 죽어도 주를 위하여 죽나니"롬14:8라고도 고백했다. 세상 나라의 역사는 대개 자기욕망과 자기 사상에 빠진 자들이 움직여 왔지만, 하나님 나라는 이렇게 거룩하게 미친 사람들이 그 주역들이었다. 그렇기 때문에 이천년 전이나 지금이나 하나님 나라에는 바울처럼 거의 미친 사람, 광인이 필요한 것이다.

그런데 안타깝게도 오늘날에는 바울과 같이 열정적인 헌신자들을 찾기가 쉽지 않다. 한번 생각해보라. 오늘날처럼 이렇게 민주화되고 계몽된 시대에 어떻게 그렇게 폐쇄적이고 비계몽적인 극단 이슬람주의가 연명할 수 있을까? 아마도 그것은 부름만 있다면 알라를 위해 자신의 목숨을 초개처럼 던질 수 있는 피 끓는 청년들이 줄지어 기다리고 있기 때문일지도 모른다. 서방세계가 소수의 극단 이슬람세력을 두려워하고 경계하는 이유는 바로 이렇게 자기 목숨을 초개처럼 내어던질 만큼 '미친' 막가파 청년들 때문이리라.

그런데 왜 오늘 우리에게는 복음을 위해, 하나님 나라를 위해 자신의 청춘을 던지고, 자신의 생을 불태우는 자들이 갈수록 줄어들고 없어지는가? 사실 베드로도 실수하고 마음이 약해서 그렇지 그 또한 주님을 위해 자신을 던질 각오가 되어있던 제자였다. 그는 "내가 주와 함께 죽을지언정"마26:35, 막14:31이라고 외쳤던 사람이다. 바울을 위시해서 사도행전의 주역들 또한 매일 매순간 복음전파에 자신의 생명을 걸었던 사람들이다. 오늘날에도 베드로처럼, 바울처럼 "주의 일에, 복음을 위해 이 목숨을 바치겠다."라고 나서는 과격함이 필요하다. 주님에 대한 사랑에 미친 광인, 그런 광기에 빠진 이들이 그리운 것이다. 우리는 이런 복음의 광인들을 길러내야 한다.

4. 천상의 학교들이 주는 교훈

이런 학교들은 가히 천상의 학교들이라고 할 수 있다. 비록 우리는 지상에 있지만, 우리의 학교들도 가히 천상의 학교들이 되어야 하고, 우리의 교육도 천상의 교육이 되어야 한다. 그럼으로써 비록 지상의 삶을 살았지만 오직 천성만을 향해 나아갔던 사도행전의 인물들과 같은 천상의 인재들을 키워내야 한다.

하나님께서는 세상을 창조하고 섭리하시며, 세상을 움직이신다. 그러나 하나님께서는 세상을 직접 움직이시기보다 사람들을 세우셔서 그들을 통해 움직이신다. 그래서 하나님께서는 그분의 역사에 심부름하기 위해 준비된 일꾼들을 늘 찾고 계신다. 특히 바울처럼 예수 그리스도를 위해 생명을 던질 복음의 광인들을 찾고 계신다. 우리는 이렇게 일꾼을 찾으시는 하나님의 바램과 요청에 반응하고 순종하면서 기독교 학교를 통해 그런 인재들을 키워내야 한다. 이 시대의 바울과 베드로를, 하나님 나라를 위한 중요한 인재들을 키우는 데 주력해야 한다. 아니, 무엇보다 우리가 먼저 그런 사람들처럼 살아야 한다. 그래서 기독교 대안학교들은 영적으로 어두운 이 세상에서 밤하늘의 별들과 같이 영롱하게 빛나는 인재들을 길러내는 천상의 학교가 되어야 한다.

기독교 대안교육의 종합적 의미

이제 전체 글을 마무리하면서 이 땅에서 기독교 대안교육이 무슨 의미가 있으며, 또한 그것은 무엇을 지향해야 하는지에 관한 핵심사항들을 다음과 같은 세 가지 항목으로 정리해보고자 한다.

1) 한국교회의 맹점 중 하나는 신앙과 삶의 불일치성, 신앙과 교육 및 신앙과 학문의 부조화성이다.

　단적으로 말해, 오늘날 한국교회의 적지 않은 성도들은 언어적 유신론자이지만 생활적 무신론자이며, 고백적 유신론자이지만 실천적 무신론자로서 살아간다. 그들은 일상의 삶에서, 가정과 직장에서, 그리고 학문과 교육에서 가히 하나님 없는 자들처럼 살아간다. 그러므로 오늘날 이 땅에 사는 기독교인들에게는 무엇보다 주일의 예배자만이 아니라 몸의 예배자, 삶의 예배자가 되는 것이 중요하다.

20세기 기독교의 대표적인 변증가 가운데 한사람이었던 프란시스 쉐퍼Francis A. Schaeffer 박사에게 누군가 이렇게 물었다. "이 마지막 시대에 단 한 가지 변증만을 해 보라면 선생님은 무엇을 변증하겠습니까?" 그러자 쉐퍼 박사는 서슴지 않고 "저는 이 세상을 향하여 '하나님은 살아계신다'라고 외칠 것입니다."라고 말했다. 나는 쉐퍼 박사의 변증의 구호에는 동의하지만, 그 변증의 방향에 대해서는 선뜻 동의하기가 어렵다. 왜냐하면 오늘날 무신론의 시대에 분명 "하나님은 살아계신다."라고 선포해야 하지만, 우리는 그것을 영적으로 눈먼 아담의 후예들에게 먼저 해야 할 것이 아니라 마음과 입술로는 하나님의 백성이요 빛의 자녀들이면서 손발과 몸으로는 어두움의 자식들처럼 살아가는 사람들에게 먼저 해야 하기 때문이다.

오늘날 기독교인들은 스스로 자문해 보아야 한다. 하나님께서는 과연 나의 마음에서만이 아니라 나의 삶에서도 살아계시는가? "주는 그리스도시요 살아계신 하나님의 아들이시니이다"마16:16라는 베드로의 그 유명한 신앙고백마16:16에서, 우리는 단지 '그리스도'와 '하나님의 아들'에만 주의를 기울이는 경향이 있는데, 사실 무엇보다 '살아계신'이라는 중요한 개념을 결코 놓쳐서는 안 된다. 이 짤막한 신앙고백에서 성령님께서는 베드로로 하여금 하나님과 하나님의 아들이 죽지 않고 '살아계심'을 강조하게 하신 것이다. 주님의 '살아계심'은 그 자체로는 존재의 성질을 띠지만, 우리에게는 하나의 당위當爲로 다가온다. 즉, 주님께서는 살아계시는 것만이 아니라, 우리에게 당연히 살아계셔야만 하고, 또 세상에 대해서도 마땅히 살아계셔야만 하는 분이시라는 것이다.

2) 기독교 대안교육은 하나님의 부재현상으로 빚어진 인간의 위기, 학문의 위기, 문명의 위기를 극복하기 위해 무엇보다 먼저 하나님의 살아계심을 표방한다.

하나님의 살아계심이야말로 기독교 교육이 인간회복, 진리회복, 문명회복의 참된 대안이 될 수 있는 단초端初이며 출발인 것이다. 따라서 기독교 교육은 하나님의 살아계심, 즉 유신론적 기초 위에서 먼저는 바른 신앙고백을 가르치고 동시에 그런 신앙고백에 맞는 세계관, 인생관, 가치관을 가르치고 확립하게 하는 것이어야 한다. 그리고 그런 세계관 위에서 바른 학문을 하며, 그런 인생관 위에서 전인교육을 받으며, 그런 가치관 위에서 세상을 바라보고 꿈을 키우도록 해야 한다. 말하자면, 학생들로 하여금 신앙과 학문, 삶과 비전에서 하나님의 백성다운 정체성과 자주성을 지니게 해야 한다는 것이다. 그럼으로써 그들로 하여금 삶의 모든 영역에서 그리스도의 주되심을 인정하면서 하나님께 영광을 돌리게 해야 한다.

이런 관점에서 우리는 기독교 교육에 대해 다음과 같이 정의를 내릴 수 있다.

"기독교 교육이란 성경적 진리와 기독교적 세계관을 다음 세대에 전수하는 것으로, 학생들에게 그리스도께서는 우리 구원의 주님이 되실 뿐만 아니라 우리 삶의 모든 영역에서도 주님이시

며 왕이심을 가르치고, 그럼으로써 그리스도께서 삶의 모든 영
역들을 홀로 주관하고 통치하시도록 그분의 왕권을 인정하고
그것에 순종할 것을 가르치는 하나님의 교육이다."

3) 교육은 본질적으로 인간에게 뭔가를 덧붙이는 것이 아니라 인간을 변화시키는 것이다.

인간을 변화시키는 것은 단순히 지적이거나 기능적인 것의 변화
만을 말하는 것이 아니다. 그보다 훨씬 근원적이고 본질적인 전인격
의 변화를 말하는 것이다. 그런데 사실 인간을 근원적으로 변화시키
는 것은 오직 하나님의 은혜와 예수 그리스도의 복음을 통해서만 가
능한 일이다. 그러므로 하나님의 은혜를 고려하지 않고 예수 그리스
도의 복음에 초점을 맞추지 않는 모든 교육은 근본적으로 인간에게서
참된 변화를 일으킬 수 없고, 따라서 참다운 교육을 시행하기도 불가
능한 것이다. 이에 반해 하나님의 은혜와 복음을 교육의 동인과 중심
으로 삼는 기독교 교육은 인간을 변화시키고 회복시킬 수 있는 유일
한 대안이 될 수 있다.

그렇기 때문에 기독교 대안교육은 교육의 진정한 길이 된다. 특히
기독교인들은 그들의 자녀들을 하나님 앞에서 하나님의 말씀으로 하
나님의 자녀다운 방식으로 교육해야 한다. 이러한 교육과 일반교육은
그 출발과 과정, 목표에서 확연히 다를 수밖에 없다. 복음서를 보면,
예수님께서도 그분의 제자들을 양육하실 때 당시의 로마의 학교에 의
탁하지 않으셨다. 예수님의 교육원리와 방법, 내용, 목표는 당시의 아

우구스투스 왕국의 교육과는 완전히 달랐다. 로마가 영웅심을 부각시켰다면 예수님께서는 겸손을 강조했고, 로마가 투쟁을 부각시켰다면 예수님께서는 섬김을 강조하셨다. 예수님께서 가르치신 산상보훈 마5-7장은 키케로Cicero나 퀸틸리아누스Quintilianus의 교육적 이념과는 전혀 맞지 않았다.

이렇듯 성경적 교육, 예수님의 교육이 로마의 교육과 맞지 않듯이, 마찬가지로 오늘날 기독교인의 교육, 기독교 대안교육 또한 세상의 교육과 같을 수 없는 것이다. 하지만 팍스 로마나Pax Romana의 영웅교육이 인간과 세상을 근본적으로 바꾸지 못한 반면, 팍스 크리스티아나Pax Christiana의 복음교육은 로마는 물론이거니와 세상을 그 근원에서부터 바꾼 것을 우리는 잘 알고 있다. 따라서 오늘날 우리의 기독교 대안교육 또한, 이천년 전에 그 견고했던 로마제국을 뒤엎었던 사도 바울의 복음처럼, 이 시대의 문명과 역사, 그리고 이 민족과 온 세상을 바꾸는 작은 겨자씨 하나, 또는 조그마한 누룩이 될 것이다.